U0044178

從陪伴開始的全腦教養

丹尼爾·席格 Daniel J. Siegel, M.D.
蒂娜·佩恩·布萊森 Tina Payne Bryson, Ph.D.
——著
崔宏立——譯

THE POWER OF SHOWING UP

獻詞

如果將來有一天我們不能在一起……有件事你一定要謹記在心。你比自己以為還勇敢，比外表看起來更堅強，而且比你所想更聰穎。不過，最重要的就是：即使我們要分離……我會一直與你同在。

——克里斯多福・羅賓寫給小熊維尼《小熊維尼大冒險》

丹尼爾：給亞歷克斯和瑪蒂，即使離家在外仍繼續彼此分享的生命旅程，每天激勵我要做個能夠相伴一生的爸爸；還要給卡洛琳，能夠一直彼此扶持成長。真的很謝謝你們。

蒂娜：給史考特，總是能在旁做我的後盾，還要給我三個「小跟班」，班、路克和JP。願你們在陪伴他人的時候尋得深切喜樂與意義，而且對他人的付出都能得到回報。

蒂娜和丹尼爾：給全世界的爸媽和小孩——你們是人類未來的希望，與大地合一的橋樑。

CONTENTS

難，讓他得到安慰，並取得心神相連的人際經驗，帶來信任感，他就能建立內在機制通往療癒、減少苦難，並長出韌性。

CHAPTER 6

當孩子長大，若能擁有安穩，就愈來愈沒有必要凡事依靠某人提供「安定四要素」的其他要項。孩子的安穩感將會成為其身分認同的總體心智模式，而且擁有內在資源來確保自己安全無虞，看見自己的價值，事情進展不順的時候能安撫自己。

推薦序

有品質的陪伴，打造心智強韌的孩子

文／陳志恆（諮商心理師、暢銷作家，臺灣ＮＬＰ學會副理事長）

長大後，我時常想起小時候的某一幕。

有天深夜，我睡不著，和我同房的哥哥已經入睡。我感到很不安，爬下床，走出房間；客廳的燈是亮的，但都沒有人在。

我輕聲呼喚爸媽，沒有人回應；我大聲叫著：「爸爸！媽媽！」，仍然沒有人來。我不知道父母是否出門了，但我忍不住哭了出來。

「爸爸、媽媽……」我跪在門口，朝著門外，不斷哭喊著。

不知道過了多久，出門散步的父母終於回來。看到我跪在那兒哭成淚人兒，母親不捨地把我擁入她懷裡，輕拍著我的背，父親則是在一旁溫暖地說道：「怎麼啦？找不到爸媽很害怕喔！爸爸媽媽只是在附近散步，我們回來了。」

當時，我應該才國小低年級吧！我生氣地要求他們，不要趁我們睡著時偷跑出去；他們承諾，再也不會了！

當我自己成了一位父親後，我才能理解，當時父母不是故意的。說真的，有了孩子之後，父母要有自己獨處的時間，真的很難。我不怪我的父母，但我也能理解幼兒的孤單，以及擔心被拋下的恐懼。

可以的話，我盡可能讓我的孩子看得到我，內心感到安全。當孩子不安或哭鬧時，我會盡最大的力氣，溫暖地回應、等待或支持，陪伴他一起面對困難。

以上是我的「融貫敘事」，你的呢？

理解自己的過去，就能做出改變

《從陪伴開始的全腦教養》書中，作者透過依附關係的理論與研究，來探討如何與孩子建立關係，並帶給孩子最佳的成長養分，其中就不斷提到父母「融貫敘事」的練習。

當我們有機會回溯與探索過往的生命經驗，你會發現，你可能偏向某種依附型態。根據依附科學的研究，年幼時建立起的依附型態，會長遠地影響未來的人際關係，包括對子女的教養方式。

好消息是，不論你是安全型依附，或者不安全型依附（迴避型、矛盾性或混亂型），在充分自我理解之後，你都有可能經由學習與自我調整，成為安全依附型態者，也有能力成為孩子的安全堡壘，與孩子建立起安全的依附關係。

前提是，你願意不斷透過探索自我，整理並串起自己的過去、現在與未來；理解現在的自己是如何受到過去的影響，而此刻又可以如何重新做決定，從過去的束縛中解放出來。這樣的理解與自我敘說，就是融貫敘事。

作者在《從陪伴開始的全腦教養》一書中告訴父母，你與孩子之間穩固與安全的連結，是孩子健康成長，邁向成功與快樂的關鍵。

實踐「安定四要素」

要怎麼做，才能與孩子建立起安全型的依附關係呢？

答案是「安定四要素」，包括：安全、被看到、得到安慰、安穩。這四件事看似簡單，也很基本，但實際操作卻有許多細節需要顧慮到。但若能盡可能做到，將是給孩子一生受用無窮的禮物——強韌的心智。

有一晚睡前，我正在套枕頭套，就讀大班的女兒也想幫忙。她試圖學我將枕心塞進枕頭套中，但她的手太小，力氣也不夠，也沒抓到訣竅，用盡全力仍套不好。

「我不會啦！我不會啦！怎麼這麼難啦！」她邊做邊哭，還發起脾氣。

我在一旁問：「要不要幫忙呢？」

「哼！不要，我自己來！」女兒很堅持，我讓她繼續自己嘗試；但她仍不斷哭著，嘴裡又嚷嚷：「我不會！我做不到！」，然而，卻沒有因此停下來。

就這樣，邊哭邊做，終究是把枕心套進枕頭套中了。雖然看起來不是很整齊，但已經很不容易了。我過去將她擁入懷，在她耳邊輕聲說：

「妳實在很厲害，雖然一直說自己不會，但卻沒有放棄，也不需要爸爸幫忙，堅持自己來，最後終於完成了。爸爸在和妳一樣大的時候，還做不到呢！我好佩服妳！」

在她哭鬧時，我沒有發脾氣要她別哭；在她找不到訣竅時，我沒有急著搶過來代替她完成；在她手忙腳亂時，我允許她繼續嘗試。

當她不斷抱怨自己做不到時，我試著回應她的情緒感受：「我知道，這真的很難，妳會生氣或挫折，是正常的！」最後，當她完成時，我擁抱她並給予肯定，引導她看見自己的努力與成果。

現在想想，我也正在實踐「安定四要素」，我相信，這正是教養孩子的基礎，與孩子擁有穩固安全的關係連結，比什麼都還來得重要！

推薦序

以心腦科學為基礎，給孩子最真實的愛！

文／楊俐容（心理教育專家、CareMind 耕心學院知識長）

二〇一七年，我在瑞典參加第六屆歐盟社會情緒能力國際會議（6th ENSEC Conference）時，聽到一份報告指出，英國教育部（DfE）認為，教師對孩子的成長與學習有深遠的影響力，因而在師培階段，每位老師都應該修習情緒發展（Emotional Development）、依附關係（Attachment）、天生氣質（Temperament），以及和上述三個主題相關的大腦科學（Neuroscience）等四門課程。

這個主張來自兒童心理學和大腦科學長期累積的研究結果，對於愛孩子的父母來說，同樣深具啟發。許多學者專家在推動孩子社會情緒學習（SEL，Social and Emotional Learning）的同時，也紛紛投入心力，倡導以心理和大腦兩門科學為基礎的SEL教養模式。比起只讓孩子獨自學習，父母與子女雙管齊下，一起學習、同步成長，能夠為孩子的未來創造更好的成果與更大的價值。

丹尼爾・席格醫師（Daniel J. Siegel, M.D.）與蒂娜・佩恩・布萊森博士（Tina

Payne Bryson, Ph.D.）兩位都是這個領域的箇中翹楚。他們聯手創作的《教孩子跟情緒做朋友》，不只結合了情緒發展與大腦科學的理論，更提出具體可行的教養策略，也難怪一出版就成為風靡全球的教養經典。

兩位專家的新作《從陪伴開始的全腦教養》，則是整合了發展心理學中非常重要的依附理論以及相關大腦科學知識，將教養關鍵濃縮為「陪伴」這個觀念。這兩本姊妹作可讀性與精采度不分軒輊，如果能夠合併閱讀、融會貫通，並且在生活中實際運用，那麼你已經取得現代父母四大必修課當中三個課程的學分了。

用陪伴帶給孩子安全依附

本書第一章就開宗明義的點出，孩子需要的不是「完美」的父母，而是「懂得陪伴」的父母，並且明確指出高品質陪伴不可或缺的四個要素。作者以4S來幫助讀者理解與牢記，概括的說，就是父母會保護孩子的安全，並且能看見與安撫孩子，讓他們獲得內在穩固，孩子就會對父母產生安全依附（Secure Attachment）。

擁有安全依附的孩子，就像知道自己永遠有個穩固、可靠的避風港，隨時可以回頭去補充能量。他們更願意啟航，去探索未知的陸地和海洋；他們更勇於迎向挑戰，去發現自己的才華和不足；他們也更敢於求助，去修補內心的傷痕與痛楚。研究發現，依附關係是情緒智能與社會智能的基礎，安全的依附關係讓孩子情緒穩定、人際關係和諧，成就表現和身心健康都因此而大幅提升，孩子也更有機會成為領導者。這也是為什麼作者要大聲疾呼，邀請關心孩子幸福的父母來認識「安全依附」的原因。

關照親子雙方的內在小孩

由於父母的教養模式決定了孩子的依附類型，而這個模式深深受到父母自身童年經驗的影響。但是，這些經驗往往深藏於我們的內隱記憶，或者說是「潛意識」裡，以至於我們很難自我覺察。幸運的是，人類大腦具有神經可塑性；雖然我們無法改變童年經驗，但只要透過書中所說的「心智省察」來理解自己和別人，運用「融貫敘事」來回溯自己的生命故事，我們就有能力對那些經驗做出更彈性、更健康的解釋，並因此作出改變。

換句話說，無論我們在為人父母之前屬於哪種依附類型，當我們透過這本書學會給孩子最真實的愛時，我們也學會了愛自己；當我們為孩子建立安全依附的避風港時，我們也找到了屬於自己的避風港；當我們幫助孩子日漸成熟時，我們也變成了更好的自己。作者同時關照孩子和父母自身的內在小孩，是本書最令我感動的地方，這也使得我們在閱讀後面章節，深入理解四個要素的意義與內涵，以及在教養上如何運用時，更容易和自己的生命經驗連結，也更能夠掌握其中奧義。

兩位作者除了清楚闡述相關理論、概念，也貼心地針對每一個要素，提供父母對應的教養策略，與回溯自身生命經驗的融貫敘事練習。這些豐富扎實又有溫度的內容，讓我們更知道如何提供孩子4S的教養環境，《從陪伴開始的全腦教養》堪稱是建立SEL家庭的最佳指南。

「陪伴是大人可以送給孩子最珍貴的生命禮物」，非常開心有機會將這本經典推薦給所有父母以及關心孩子的大人，相信許多孩子將因此受益，在高品質的陪伴下，逐漸成為安全依附、自帶幸福的成熟大人！

歡迎詞

我們在先前的書中回應各位爸爸媽媽一直提出的問題：孩子需要建立的品格，哪一項最為重要？我們討論了父母應該讓孩子培養的關鍵特質，幫助他們長大後過著快樂、成功，關係和諧且有意義的人生。

這本書要回答的問題又不太一樣。我們強調的比較不是孩子的內在本質，而是父母養育小孩的方法：想幫助孩子在這世上活得成功自在，我所能做的最重要的一件事是什麼？請注意，這個問題的焦點不是你想在孩子身上培養什麼技巧或能力，更是**你**如何面對親子關係。

我們的答案相當簡單（但未必容易做到）：陪伴在孩子身旁。

我們迫不及待地想解釋這句話是什麼意思，幫助你了解陪伴在孩子身旁是多麼關鍵。我們要將和養育小孩有關的種種爭辯及議論全都剝除，把教養濃縮成一個觀念，一個若想協助孩子過得健康幸福最重要的觀念，好讓他們在人生和人際關係上成功、享受。我們也試著避免簡化的公式或所謂萬靈丹，號稱提供養育小孩的「唯一正解」。

事實上，教養這件事既複雜又充滿挑戰，而且大部分問題的答案會依據孩子所處的年齡、發展階段、總體情境以及個人氣質而定，更別提還跟你這位教養者本身的特質有關。

雖然這麼說，幾乎所有教養的困擾和難題確實都可以歸結到關係上，本書也會著重在這個部分。如果你熟知我們其他幾本著作——《教孩子跟情緒做朋友》、《教養，從跟孩子的情緒做朋友開始》、《和孩子一起說「好」》，就會發現本書與其他三書相互呼應與補充，整合了「全腦」的一切觀念，並且總結「事情的來龍去脈」。《從陪伴開始的全腦教養》可作為一個很好的入門，帶領大家更理解過去幾年我們談論的內容。

感謝各位給我們這個機會，把陪伴孩子的重要性介紹給你。

丹尼爾及蒂娜

CHAPTER

1

怎樣才稱得上「陪伴孩子」？

我們每次談論教養，都會對父母一再表示：你不需要做到完美。沒有人稱得上完美無瑕。世上並沒有零缺點教養。（先暫停片刻，讓各位讀者好好鬆一口氣。）讓我們舉起孩子留在車裡喝了一半的果汁，為世上所有不完美的爸媽歡呼。

身為父母，我們多少都知道這點。可是有許多人，尤其是那些熱切投入、思慮周密、心有所感的爸媽，往往被焦慮或恨鐵不成鋼的情緒所困擾。當然我們會擔心孩子，在乎他們的安危，可是我們還會擔心自己教養孩子的方式「不夠好」。我們擔心孩子長大之後沒法負起責任、沒有心理韌性，或人際關係不良……（請自行填空）。我們擔心自己會讓孩子失望，或傷害到孩子。我們擔心對他們的關注不夠多，或是投注**太多**的關注。我們甚至還要擔心自己擔心得太多！

這本書是寫給那些極度關心孩子的不完美父母；當然，也要給不完美的祖父母、教師、專業人士，以及在乎孩子的每個人。我們想傳達的中心思想充滿希望，而且能撫慰人心：當你和孩子相處的某些時刻，不確定要怎麼回應才好，別煩惱，有件事你絕對可以辦得到，而且勝過一切。別再擔心害怕，或者試圖達成那根本就不存在的完美標準，你只需要**陪伴**孩子。

陪伴孩子，我們說的就是你字面上所看到：跟孩子在一起。我們不僅人要**實際在場**，而且**心要處於當下**。當你想要滿足孩子需求、表達對孩子的愛、教孩子規矩、與孩子同歡笑，甚至是彼此爭論，這些時候你都應該在孩子身旁。你並不需要完美，也不需要讀完所有教養書，或是幫孩子報名各種心靈成長課程。你不需要有一位投入的共同照顧者，甚至不需要百分之百曉得自己在做什麼。你只需陪伴在孩子身旁。

陪伴在孩子身旁，代表著當你和孩子在一起，你是帶著全副身心，保持注意和覺察。當我們陪伴孩子，我們的精神和情感都處於當下。從許多層面來說，此時此刻的當下，就是最重要的。為人父母的你，有必要學習如何陪伴孩子，增強你當父母的能耐，同時增進孩子的韌性和優點。陪伴的力量，正足以讓我們為孩子創造出能夠自主掌控的心靈——即使我們自己時常失控。

陪在孩子身旁，對你來說可能是件自然而然的事；或者，你覺得那並不容易。這取決於你的家庭背景，以及兒時遇上哪一類的父母。此時此刻，你甚至可能發現，自己並**沒有**穩定地陪伴孩子：要嘛人不在場，要嘛心也不在。我們在本書將會談到，不論你自己的兒時經驗如何，你可以成為（也能夠一直是）自己想做到的父母模樣。

身為家長，我們做的決定**當然**有好有壞，而且我們可以運用各種技巧，協助孩子以最佳方式發展。說到底，所謂的教養就是給孩子身心陪伴。我們將會跟各位解釋，兒童發展的長期性研究已清楚表明，不管你是以幸福快樂、群性，或是情感發展、領導技能、認真經營親密關係，甚至是學業和職業成就來評斷，孩子長大會成為什麼樣子，最佳的預測指標就是，他們是否擁有至少一位照顧者的陪伴，讓他們發展出內在的穩固。這些跨文化、跨地域的研究，讓我們知道即使做不到零缺點教養，仍能有著放諸四海皆準的方式。

而且，好消息是，這些實證研究成果可以加以整合，進而提供世上所有不完美的父母參考，這正是本書的內容。

所謂陪伴孩子：安定四要素

也許照顧者沒法做到盡善盡美，但如果孩子得到可靠且合乎期待的照顧，即使身處逆境，依然能享有絕佳出路。可靠的照顧能支撐起健全的人際關係，予人自主能力，體現以S開頭的四個安定要素，有助於讓孩子覺得（1）**安全**（safe）——覺得受保護而且不會被傷害；（2）**被看到**（seen）——曉得你在乎而且關心他們；（3）**得到安慰**（soothed）——知道痛苦難過的時候你會在旁陪伴；以及（4）**安穩**（secure）——依據上述的其他三個安定要素，孩子相信你會提供可靠有效的協助，讓他們活在世上感到「自在」，並且學著幫助**自己**覺得安全、被看到而且心安。

如果我們可以提供孩子這四個安定要素，親子關係一旦受損就努力修補，就有助於打造所謂的「安全依附」（secure attachment），而這絕對是孩子獲得健全發展的關鍵。

如同我們的其他著作，本書提出的說法都有科學研究為憑。這些觀念是源自依附科學理論。過去半個世紀以來，這個領域有許多詳細研究，接下來我們將會一一為各位讀者解說。如果你熟悉我們之前的作品，不論是丹尼爾和哈柴爾合著的那本《不是孩子不乖，是父母不懂！》，還是我倆一起寫的《教孩子跟情緒做朋友》、《教養，從跟孩子的情緒做朋友開始》以及《和孩子一起說「好」》，當你往下閱讀，很快就

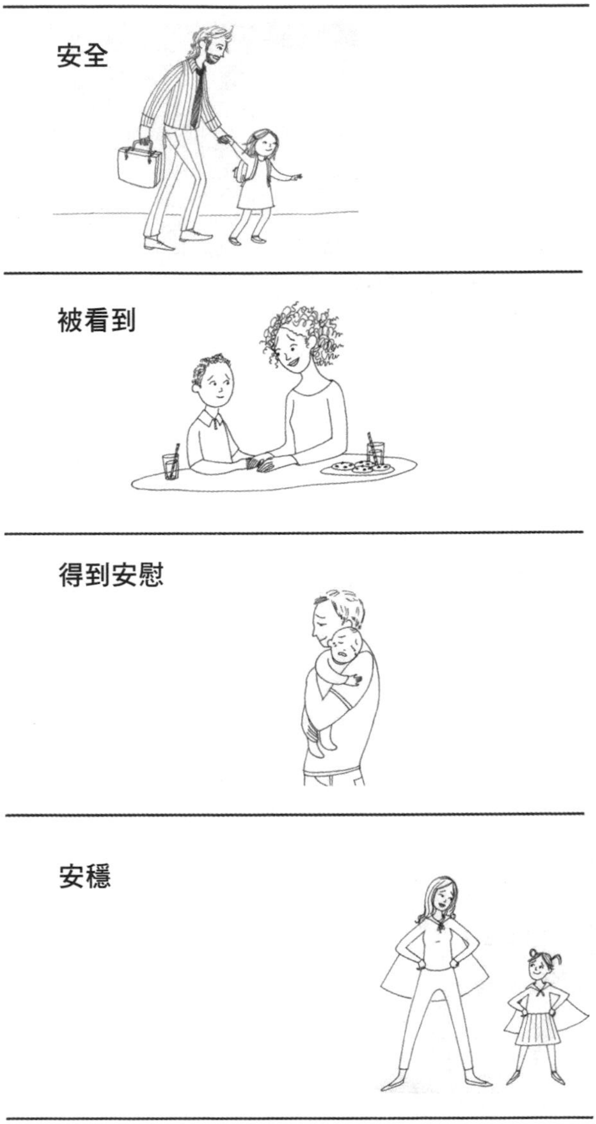

會發現，本書是拓展我們之前寫過的內容，更深入地探討那些觀念，讓你充分明瞭全腦教養背後的科學。隨著依附科學持續發展，人們更加理解教養與大腦的關聯性，所以本書也添加了一些新的觀點。熟悉我們作品的讀者可以讀到新東西，也能安心自在；既有熟悉的觀念，同時又能獲得更豐富的理解。我們努力讓大家都能讀懂科學資訊，即使是第一次接觸這些觀念的人，都可以理解，並且馬上應用在個人生活以及教養情境當中。

除了依附科學，本書還有一個主要的科學架構，那就是人際神經生物學（IPNB），這個觀點結合了多個科學領域，幫助我們理解心靈與內在成長的本源。IPNB探討的是，我們和其他人以及和周遭世界互動之際，心靈（包括感受和思考，注意力和覺察）和大腦、整個身體如何深刻交織，以形塑人格。IPNB這個領域有許多專業教科書（至今已超過七十本），是一門探討心理健康及人類發展的科學。統整於IPNB之下的不同領域，除了依附關係研究以及腦科學研究，還有一個要點是探討大腦因應經驗如何做出改變，稱為「神經可塑性」（neuroplasticity）。

神經可塑性為我們說明，腦部的生理構造如何適應新的經驗與資訊，自我重整，並且依據個人的所見、所聞、所觸、所想、所為等等，創造出新的神經通路。我們關注的任何東西，在個人經驗以及與他人互動中所看重的一切，都會在腦部造出新連線。我們的注意力到哪，對應的神經元就會被觸發。凡是神經元觸發之處，就會形成連接線路，或者說結合在一起。

這和陪伴孩子又有什麼關係？這麼說好了，你可靠的出現在孩子的生活當中，就可以大大影響孩子腦部的生理構造以及神經連結，產生對於世界運作方式的心智模式與預期。心智模式就是大腦所做的總結，將我們許多反覆出現的經驗概括成通則。這類心智模式是以過往經驗為材料構築而成，過濾目前的經驗，形塑我們的期待，有時甚至會塑造我們未來的人際互動。神經網絡構造以人的依附及記憶為基礎，心智模式就是在這些網絡結構當中形成。

這不是在開玩笑——你和孩子的互動關係帶給他的經驗，真的會形塑孩子腦部的生理結構。大腦裡的那些連結，接下來又會影響到孩子的心智運作方式。換句話說，你所提供的經驗，會形塑孩子大腦處理訊息的方式，因此如果父母穩定持續陪伴孩子，即使是遇上困境，孩子也會預期世界是個可理解、能夠與它有效互動的地方。依據之前發生的狀況，大腦學會期待有特定的事物出現。也就是說，你的孩子會依據先前經驗，預測接下來將要發生什麼事。因此，若你陪著他們，孩子就會期待能有正向的互動——這互動來自他人，也源出自我。透過和父母的互動，無論順境逆境，孩子了解自己是誰、可以如何發展、應該成為怎樣的人。因此，陪伴會在孩子身上造出神經通路，從而得到個人自主、勇敢、堅強和韌性。

這麼做，孩子不只可以更加快樂也更為滿足，還可能在情感、人際關係，甚至學業上都更為成功。

如此一來，孩子的情緒比較平衡，當事情進展不如他意也較能自我克制，教養也將變得更容易。

認識四個安定要素

接下來的章節裡，我們會詳加解說所謂的「安定四要素」。不過，在此先讓你大致了解一下。四個安定要素有時會緊密相連或同時發生，因為當孩子覺得安全、被看到且心安，就會培養出對照顧者的安全依附。每一位關心與在乎的父母，都是努力著想讓孩子在生命裡得到安全依附。安全依附關係，讓孩子在這個世界裡活得自在，曉得自己的本性，作為一個真正的獨立個體和他人互動。孩子會以我們所謂的**正向大腦**迎向世界，以一個開放、充滿好奇心、願意傾聽接納的立場，應對新的機會與挑戰，而不會陷入僵化、恐懼，處於被動。孩子的腦部整體更加統合——代表著孩子即便面臨困難情況，他將能運用腦部更為精巧的功能，而且以安穩的姿態回應世界，情緒更平衡、更具韌性、更富洞察力，也更有同理心。我們所說的「全腦兒童」，就是這個意思。因此，孩子不僅更幸福快樂，也更加適應社會；能與他人和睦相處，合作解決問題，考慮後果，考量到別人的感受等等。簡而言之，安全依附的小孩不僅更快樂滿足，也更容易相處，讓爸媽更好帶。

我們從第一項安定要素說起。孩子享有安穩的絕對要件，就是覺得**安全**。當孩子在身體、情感以及關係三方面都得到保護，就會覺得安全。這是邁向安全依附的第一步，因為父母的首要任務就是要確保孩子安全無虞。孩子要能**感受到**而且**知道**自己是安全的。他們必須相信父母會保護他們不受到身體的傷害，而且，在情感以及人際關係上，也會讓他們安全無虞。這並不是說父母絕對不能犯錯，或絕對不會說了什麼、做了什麼讓孩子覺得受傷。為人父母難免有這類事，也往往並非出於本意。一旦和孩子相處的時候出現狀況，不管是哪一方搞砸出錯，都要儘可能趕快修補所造成的傷害。

孩子會由此學到，即使犯了錯說出難聽傷人的話，我們依然愛著對方，想要修正改善彼此關係。如果能夠持續傳達這樣的訊息，孩子就會獲致一種安全感。切記，關鍵點在於修補、修補、修補。世上並沒有所謂完美的教養。

安定四要素的第二項，著重的是協助孩子覺得**被看到**。教養有很大一部分是要陪在孩子身旁：我們會參加孩子的音樂發表會，花時間陪他們，一起玩，一起閱讀，一起進行各式各樣的活動。「在一起的時光」確實重要，這是真的，理所當然。但是，**看到**孩子不僅只是父母親自到場就夠了。重點在於能和孩子的內心世界調諧一致，並且將我們的注意力集中在孩子的內在感受、想法與記憶，也就是注意潛藏在他們行為

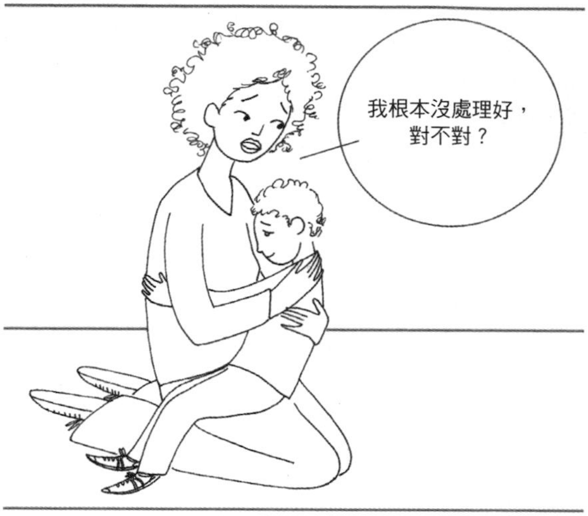

底下的種種素質。真正地看到孩子，代表著我們要關注他們的情緒，無論高興還是難過都不忽略。這並不是說我們每天時時刻刻都得如此；沒人可以辦得到。我們要能提供孩子持續而穩定的依附，在他們喜悅與勝利時一起歡慶，在他們遇到人生不可避免的傷害時，陪著一起難過。我們與孩子的內心風景諧調一致。在情感、人際關係方面陪伴孩子，就是這個意思，同時教會他們愛別人、關心別人的真正意義。這麼一來，孩子就會「覺得」被父母「接住」，能夠感受到他們的內在運作，而不是只見到他們的外在行為。雖然我們做的可能並不完美，也不是每次都能一起度過，但孩子只要曉得可以依靠父母的陪伴，就能培養出種種心智模式，獲致深度安全感。

研究結果已經表明，一旦我們能看進

孩子的心，孩子也將學會如何看見自己的心。這種能力我們稱為「心智省察」，也正是情緒智能和社會智能的重點所在，本書接下來會詳加討論這個部分。好消息來了，即使你之前不具備心智省察能力，仍能在長大成人以後學習培養，然後提供孩子心智省察的對話，讓他們能夠吸收你小時候根本沒有機會學習的種種課題。具體做法將在之後的章節教給大家。這是個恩賜，讓你可以重新調整家中的互動方式，讓親子關係長保美好。

一旦孩子覺得被你看到，並且從心智省察學會了解自己的心，他們將更能夠好好了解別人。覺得安全，再加上這種被看到的經驗，孩子就能平順地邁向穩固、有意義且愉快的人生。

除了讓孩子覺得安全而且被看到，我們還希望孩子在最艱困的時刻可以**得到安慰**。這並不表示我們要讓孩子免除一切痛苦和不舒服，完全沒有這個意思。當然，困苦不好過的時候，往往是孩子學習、成長的最佳機會。當他們和朋友、老師，以及其他人起衝突時，我們必須依據孩子的年齡和人生階段，讓他們去體驗這些試煉。讓孩子得到安慰，並不是要叫他們避開風浪，因為人生的大洋裡總是會遇上。父母的角色，是教導孩子當海浪襲捲而來的時候如何站上浪頭——而且在孩子需要的時候和他們在一起。孩子的心中絕對不該有任何疑惑，不確定父母會不會在困苦時刻陪伴他們。孩子必須知道並且打從心底了解，當他們痛苦傷心，即使是淪落到最糟糕的狀況，父母依然會陪在身邊。我們要讓孩子明白，人生免不了會有苦難，可是在這個學習過程，也要讓他們深刻體悟到永遠不需要獨自承受痛苦。

當孩子覺得安全、被看到且得到安慰，就會獲致第四個要素，**安穩**，這是基於可預測性來看。再強調一次，我們並沒有說要做到完美無缺。父母難免在養育孩子時犯錯，反倒是要讓孩子曉得他們可以信任你，一次又一次都會陪伴在身旁。如果孩子相信你會盡一切努力確保他們安全無虞，當他們去找你，你會努力讓他們覺得被看到，

「被看到」的效用

而且如果事情不順利，你會待在身邊安撫他們，那麼孩子就會得到安穩。四個安定要素在神經生物學方面的功效，就是一個統整的大腦：一套有韌性的神經系統，而且不會長期處於壓力之下。因此，孩子開展人生的時候可以有所根據：他們是安全的，生命中的愛與關係穩定而持續，而且他們能夠應付人生無可避免的艱困時刻，在這世上感到安穩且自在。

安全型的依附關係：教養的終極目標

各位可以看到，陪伴帶有強大力量，讓孩子持續覺得安全、被看到、得到安慰與安穩。說實在，陪在孩子身旁並不是教養的目標，倒不如說它是一個**方法**，藉此邁向你想要達成的結果。真正的目標是所謂安全依附，那才是我們想要給孩子的東西。父母能為孩子做的，沒有什麼比這一項更重要了。安全依附會增進孩子一輩子的滿足與幸福。更重要的是，它可以優化孩子的自我意識、人際關係品質、學業及職業成就，甚至是腦部發育。

更具體地說，研究一再證明，孩子若能擁有安全的依附關係，更可能培養出多種優點，表列於下頁。

安全依附帶來的優點

- 更高的自我價值感
- 更好的情緒調控
- 更大的學業成就
- 更能應對壓力
- 和學齡前同儕互動更積極
- 於兒童中期建立更親密的友誼
- 青春期的社會互動效果更佳

- 和父母的關係更快樂美好
- 更強的領導力
- 更強的自我能動性（self-agency）
- 成年後更為信任、非敵對的戀愛關係
- 更富同理心
- 整體社會能力更強
- 對生活更有信心

讓我們花點時間，仔細說明這張表單。我們說安全依附是教養的終極目標，有很大一部分原因就在這些人格特質的發展。簡單來說，一旦孩子之於照顧者能產生安全依附，就極有機會茁壯發展——不論是在學校、人際關係方面，還是在人生當中。

那麼，要怎麼做才能讓孩子培養出這樣的安全依附？你想的沒錯，陪在孩子身旁就對了。科學研究一再顯示，在衡量了一個又一個預測變項後，孩子最後會變成什麼樣子，最佳的單一預測指標就是：孩子身邊至少有一個人能夠在情感上與他諧調一致，並且與之相伴，即某人可「陪伴」他們。一切就是這麼簡單（但我們要再強調，不是每次都容易）：想讓孩子能夠獲得健康且良好的發展，你只需要讓他們覺得安全、被看到、得到安慰與安穩。要達成以上目標，你只需陪在孩子身旁（人跟心都要在現場），這意味著要接納孩子的本性，讓他們感到安穩可靠。你也可以把陪伴當作是第五個要素，引領你達成另外四個要素。

安全依附可產生這些正面效果，其中有好幾個關鍵因素。其一，如果你陪伴孩子，他們會覺得一切安全穩當。當孩子擁有合於現世的歸屬感，以此來思考行事，即便事情沒能順心如意，也曉得自己不會受到傷害。

你可以把安全依附想成是孩子面對阻礙和挫折的一項調節要素。安全依附無法讓孩子跳過負面的處境與情緒。再怎麼說，人生就會有風雨有挫折。孩子將會受苦——更別提還有失望、困難、不滿等等。父母的任務並**不是**要避免孩子遭遇挫折或失敗，而是要提供他們所需的工具還有情感的韌性，來承受人生的風暴，並且陪著孩子走過這一段。

這時，安全的依附關係就像是情感上的防護裝備，相當於玩滑雪板戴的安全盔。戴了安全盔並不能避免意外發生，不過一旦出了差錯，後果卻是截然不同。

同理，孩子擁有安全依附，並不會因此免除成長路上會遇到的種種痛苦和失意。沒能獲邀參加朋友生日派對的時候，還是會覺得受到排擠。而且等他長大，說不定還是會為了初戀心碎。可是，當這些挑戰出現，他將會有防護用的情感護墊，憑著自己的韌性應付被冷落的事，度過心碎時刻的痛苦，而不會永遠喪失堅定的自我意識。

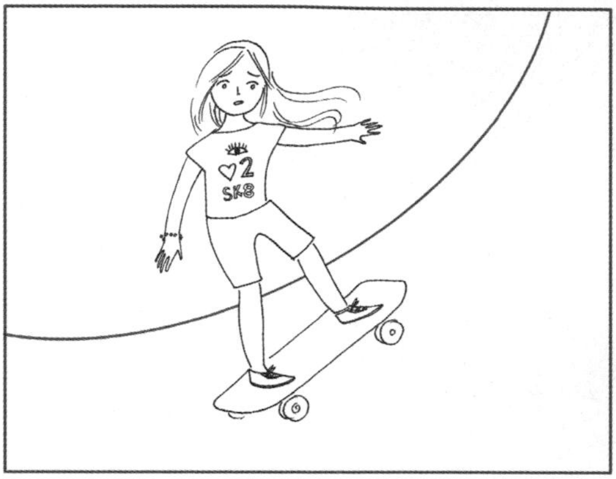

缺少安全依附

安全依附作為情感上的防護裝備

安全依附可以協助孩子度過困境，尤其是那些必須應付額外挑戰的孩子，例如生命中的創傷經驗，環境壓力，個體在發展、醫療或遺傳上的缺憾，或是學習障礙。某些孩子的人生更為艱難，這是個鐵的事實，對他們來說，就好像是騎著腳踏車一直陡上。你恐怕沒法除去重力或削平山坡，可是如果你能夠藉由持續的陪伴提供「安定四要素」，至少可重新設定坡面的斜度，讓踩踏板的工作不再那麼辛苦。

再次強調，你並不能免除孩子面臨的諸多挑戰，但藉著你的關愛及適時陪伴，可以整平道路，讓孩子更容易應付遇上的險阻。接下來，他可以同時學到要勇於面對不退縮，並且找出合理的方式仰賴他人、尋求協助。事情艱難不順暢的時候，他的內在情感韌性有助於找出解決之道。

如果遇上艱難的抉擇，也一樣適用。研究結果清楚表明：看來像是個人的、內在

某些孩子的人生格外艱難

陪伴能讓孩子更容易應對人生挑戰

的技巧，比如自我覺察及情緒韌性，其實是從孩子的人際互動發展而來，源自於他們成長階段與照顧者及其他人的關係。安全依附的孩子更能夠調節情緒，也能做出好的決定。他們更擅於考量前因後果以及他人的觀點，並且能以建設性且有助益的方式自持，而不會帶來傷害或造成破壞。這當然使得親子雙方的行事更為輕鬆自在，彼此之間的關係也同樣受益。

安全依附產生如此強大的結果，還有一個最終理由：它讓孩子擁有研究人員所謂的「安全堡壘」（secure base），由此出發探索世界。這會讓他們自由自在啟程，去見識地平線另一端的風景。為人父母，並不只是當個避風港；我們還是發射臺，本書隨後會詳加解說這點。不過，重點在於，靠著安全型的依附關係，孩子可以採用一種「正向大腦」的心態迎向世界。他們的情感平衡、具韌性、有遠見且富同理心。孩子可以表現出這些特質，是因為他們覺得在這世上安全舒適，因為他們在家裡有一個安全堡壘。

了解自己的生命故事

為了提供這個安全堡壘，以及伴隨而來的一切好處，我們做父母的如果能夠了解自己是誰——能「自我覺察」，曉得自己的過往歷史，了解自身的童年如何形塑長大之後的模樣，就是為教養小孩做出最佳準備。本書將有很大一部分，協助你了解自己的生命故事，明白你從照顧者那裡接收到的依附關係是哪一種類型。父母能否提供穩固依附並且陪伴孩子，端看他們能不能省思個人經驗，並且感受到照顧者傳達而來的「安定四要素」。

請注意，我們並不是說父母必須接受良好教養，才能提供孩子安全型依附關係。請不用絕望，科學研究明白指出：**如果可以反思並理解自身的依附經驗**，即使我們沒能和自己的照顧者形成安全依附，依然能夠提供孩子這樣的經驗，而且有研究成果為證！

我們要強調：即使你沒能從照顧者那裡得到，依然能夠提供孩子一個關愛、穩定的基礎。

為了達成這個目標，本書要協助你儘可能明白自己被養大的方式，了解你和父母的關係造成什麼影響。對於自己的過往人生，一旦能夠得出我們所說的「融貫敘事」（coherent narrative），教養孩子的時候就能更有中心思想，不僅會穩定一致，陪伴孩子的方式也更有成效。從下一章開始，本書從頭到尾都會讓你有機會探索個人生命史，了解自己覺得安全、被看到、得到安慰與安穩的程度如何。你對個人的過往歷史與經驗有了更深入的認識，就更能給予孩子「安定四要素」。這表示你可以即早開始陪伴、並且時常這麼做。

根據IPNB、神經可塑性，以及依附科學的最新研究，我們要大聲宣告，過往歷史並非未來命運。我們可以嘗試**理解**過去的經歷，使它無法主宰我們的現在與未來。我們不需逃避過往，也不需受其奴役。還記得之前所說的嗎？注意力指向何處，神經觸發的電流就會在那裡流動，神經連結就會在那裡成長。理解你的生命永不嫌遲。如此一來，不僅可以翻轉你和孩子的關係，也可以翻轉你和自己的關係，來改變你腦中業已形成的連結線路。

這個轉變過程，你可以把它想成是一連串事件的結果。我們最終極的教養目標，是讓孩子獲得安全依附；這件事源自於陪伴，並且提供了「安定要素」。為了達成這個任務，我們必須了解個人生命史，弄清楚自己的關係史和依附史。因此，一切都是由此開始：了解我們從照顧者得到的是哪一種依附關係。這麼一來，環環相扣的整串事件就像是這樣：

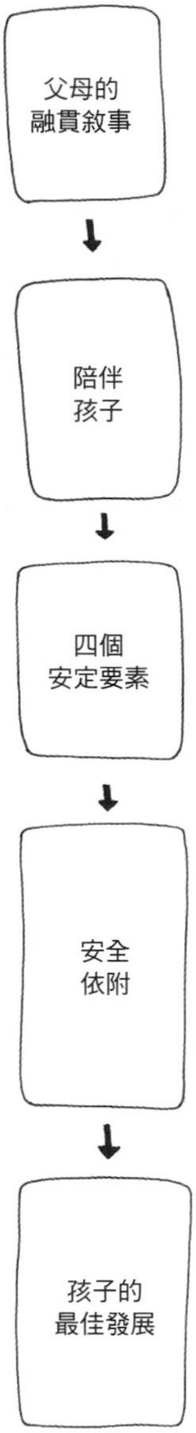

我們主要關心的是親子之間的動態，不過接下來幾個章節所討論的概念，也適用

於各種人際關係。如果能夠陪伴在我們所關心的人身旁，彼此的關係就能滋長，大腦更加健康、更為統整，而且我們的生命也更有意義。

不論是否為人父母，本書都對你有益

本書和之前出版的《教孩子跟情緒做朋友》、《教養，從跟孩子的情緒做朋友開始》、《和孩子一起說「好」》相同，著重於探討孩子的大腦，對於如何有效滋養孩子發展中的心智，也提供嶄新的思考方式。某些父母看待這個主題的觀點或許有所不同，我們下筆的時候，特別鎖定了四種類型的家長。

第一類家長滿腦子都在擔心掛念，認為自己必須**做**得更好、**當**更好的爸爸媽媽。出了錯、沒能把握陪伴的機會，他們都會痛苦不堪。這些家長太過在乎「應該如何如何」，有時是懊悔過往（「我應該要教小孩西班牙語」或「我不應該錯過第十四區少年棒球聯盟開季的那場球賽」），有時是擔心未來（「我應該更常帶她去收容所做志工，才不會長大了這麼驕縱」或「開車接送的時候我應該多花點時間教他同理心，長大了才會比較和善客氣」）。更糟糕的是，如果錯待了孩子，他們就會懲罰自己，一直跟自己說「我應該做得更好」之類的話。

聽起來很耳熟是吧？如果是的話，那麼我們要讓你放寬心：你做得很好。你有陪在孩子身旁，這才是最要緊的。你用不著做得完美無缺；你辦不到的。我們這輩子都是邊做邊學。只需和孩子在一起，愛你的孩子。在管教之中進行機會教育、培養孩子的技能，形塑孩子仁慈、尊重和自我照顧的能力。當你錯失心神相連的機會，或是不慎破壞了親子關係，就道歉吧。孩子不需要事事取得優勢，更不需要超強的萬能家長。孩子需要的是自己的爸爸媽媽——真誠、不完美，全心全意當下陪伴的你。如果你屬於這個類別的父母，不妨放輕鬆一些，別那麼緊繃。

有些孩子表現不如人、行為不當或陷入困境，這類父母也是本書對話的目標。這些爸媽一直不知道該如何和孩子相處，不曉得要怎麼處理每天撲面而來的挑戰。如果你正面臨相同困境，那麼**陪伴**將有助於讓你了解，哪些才是你應該為孩子做的最基本、最重要的事。就和我們先前的幾本著作一樣，本書將會提供明確的實用策略，可以協助這些迫切需要愛與支持的孩子。

第三類是新手父母，或即將成為爸媽的人。這些讀者心中完全摸不著頭緒，想到要指導一個小孩子，從幼兒直到青少年，就覺得毫無招架之力。針對這類家長，本書所要討論的理論和策略清晰又實用，不僅提供最重要的基本教養準則，也會給你實際、確切的步驟，幫助你以用心且關愛的方式與孩子互動。你甚至可以把本書視為養育小孩的新手指南，協助你在這場令人興奮（當然也常讓人提心吊膽）的嶄新旅程中，專注於最重要的事。

最後，愈來愈多父母變得愈來愈少參與孩子的生活，這正是本書特別訴求的對象。上述狀況有時候是因為超長工時，再加上現代家庭的多重需求所致。而且，隨著各種螢幕佔去我們愈來愈多的時間，父母漸漸容許手中的裝置霸占自己的注意力，不再專心投注在孩子身上，親子互動的機會因而急遽縮減。

我們強調父母應該陪伴孩子，就是要正視這個現象——不去評判，不需指責或心中有愧。事實明擺在眼前：我們生活在一個充滿電子裝置的世界，這個情勢已經無法挽回。螢幕是這世界的一部分，可以幫我們大忙，電子產品提供許多好處，我們全都在依賴、享用。本書並沒有要挑戰現狀，認為必須採取什麼截然不同的做法。（此時此刻，許多讀者是在螢幕上閱讀這本書，我們認為這根本就不成問題！）我們在乎的是：電子裝置讓父母不能陪伴孩子，缺席孩子的日常生活。要是爸媽人在現場，卻根本沒有進入狀況——並不是真正**在場**，那才是問題。本書接下來將會提出具體辦法，你可以用心採取務實的策略，和孩子一起度過美好時光。

無論你是屬於上述哪一類父母，在尋求教養方針的路上，我們想要帶給你希望和指引，藉此協助孩子成長茁壯，過著豐富、有意義、身心相連的人生。

我們也十分清楚，現今有許多祖父母還有其他照顧者，都在幫忙養育小孩。本書所討論到的內容，同樣適用於上述那些關係。此外，支持父母及其他照顧者的教育人員與醫師為數眾多，我們打從心底感佩萬分，書中提出的準則與觀點，也有考量到這些專業人士，可作為他們的工作指引，或是當作參考資源，推薦給前來尋求協助的家長。

無論你的身分為何，不管是什麼動機促使你拿起這本書，感激各位能夠選上我們一路相伴，為了鍾愛的孩子，致力改善其生命。只需閱讀本書，就是跨出想陪伴孩子的一大步。教養就是由此開始。

CHAPTER

2

為什麼有些父母能夠陪伴，有些父母卻做不到？

依附科學簡介

要怎麼做，才稱得上好父母？

把這個問題拿去問人，你會得到五花八門的答案。有些人在乎的是和自己父母相處的歷程；另外有些人看重個人的知識程度，特別是教養的理念。有些人可能會強調宗教背景，或是他們多麼有道德感——他們多麼努力要做到始終如一、和善、有耐心等等。

所有這些因素，確實都會影響教養行為。不過就如第一章所說，經過好幾十年的努力研究，這個問題已經有了具體答案，而且讓人充滿希望。如果我們想要一探究竟，了解為什麼有些孩子可以過得好（不管是情感上、人際關係、社交、學業等等），不妨檢視看看是否有至少一名照顧者穩定持續陪伴，並且培養出安全依附關係。照顧者能否提供這類安全依附，端看他們是否能夠像我們所說的那樣「以父母的立場與孩子同在」。能夠與孩子同在的父母，已經反思過自己的生命經驗，並能理解自身的過往經歷及依附史。即使那些經歷有著風風雨雨，理解個人生命史，讓做父母的在當下擁有開放、包容的覺察力，能夠可靠地陪伴孩子。

簡而言之，父母能夠陪伴，孩子就容易有韌性、愛心且堅強。父母不需完美無缺，可是陪伴（或不能陪伴）孩子的方式，影響到孩子會成為什麼樣的人，也會左右他們的腦部迴路連結。

當然還有其他一些因素，譬如隨機發生的事件、天生的氣質特點、遺傳而來的弱點等等，這些因子我們無法改變，卻會影響到孩子的發展。不過，家長**可以**做什麼來形塑孩子的成長，已有堅實的研究。可以陪伴孩子的父母，都是能理解自身生命經驗，得出一套「融貫敘事」，並且可以用父母的角度與孩子同在，身心都於當下在場陪伴。我們的內在理解**過去**的經驗如何形塑**目前**的狀況，讓我們得以不受束縛，成就現在、**未來**的自己。而外在作為上，我們學會保有開放、包容的覺察力，**以父母的立場與孩子同在**，如此一來孩子就會覺得有人在乎與了解，和父母心神相連。理解過去，把握當下：陪伴的要義盡在其中。我們將由此出發，協助你衡量是否已能明瞭自己和父母的相處經歷，找出參與孩子生命並與之同在的方式。

你是否曾經省思，兒時經驗如何影響了你自身的發展，進而預示、並影響了你跟孩子互動的方式？你自己早年的家庭生活經驗，如何影響大腦的發展以及回應方式？也許是直接起作用，也許是必須學習如何適應，甚或是得學會怎麼生存下來。

幸好，只要你願意努力，科學可以指出一條康莊大道，教你理解自己過往的依附關係。而且，即使你在兒時並沒有受到最好的照顧，也許是因為父母沒有陪伴，行事有盲點、處置不當，或出於其他原因，你所形成的依附策略都不是僵化不變的。過往歷史並不能決定未來命運。

若父母沒能陪在你身旁，或只是偶爾出現，或行為舉止令人害怕，造成傷害，並不表示你無法用健康且有建設性的方式陪伴自己的小孩。但你**確實**需要做些努力，反思自己的依附史，還得決定你想要給孩子怎樣的依附關係。要怎麼陪伴孩子，你真的可以有所**選擇**，而且我們可以保證，藉由檢視自身的過往經歷，理解個人歷程的意涵，就能養成屬於自己的陪伴本領。

基本依附科學：理解與運用於教養

首先，讓我們介紹一下依附科學的基本概念。在此我們會談到一些基本原則，並進一步闡釋說明。來自演化理論、遺傳學、表觀遺傳學（epigenetics）等學門的最新資料，持續支持依附科學的基礎原理，該領域也不斷地擴展。接下來，我們將引介新的思維方式，重新探索自我及人際互動的關係，並且應用在上一章已經介紹過的幾個概念。但願各位讀者會喜歡，也希望能夠對你的個人經驗有所啟發，不管是和父母、還是和孩子的關係都能豁然開朗。

近幾十年來取自依附科學領域的知識，已深深影響我們對於教養及兒童發展的理解方式。丹尼爾在加州大學洛杉磯分校（UCLA）主持兒童及青少年精神病學的臨床訓練計畫之前，就已獲得美國國家心理衛生研究院（National Institute of Mental Health）對依附理論的研究訓練經費補助；至於蒂納，在博士班及之後的研究當中，是以人際神經生物學架構為出發點，專注於依附科學及其實際應用。該領域的科學基礎豐富可靠，而且強有力地證明了可應用在廣泛多樣的文化及家庭情境，優化孩子的發展。這項資訊不久之前還不為人熟知，值得慶幸的是，如今情況已有不同。

概括來說，在很小年紀就和父母形成強大連結（安全依附）的孩子，可以過著更快樂、更充實的人生。若父母回應孩子的需求，並可靠地提供安慰，像是孩子哭泣的時候抱起來，或是沮喪的時候擁抱安慰，就會形成這些依附紐帶。要是孩子經歷過這類可靠的行為和連結，就得以自在學習發展，無需將注意力或能量運用在求生存，或保持極度警覺，留意所處環境或照顧者的任何細微變化。

我們生下來就有與人連結的內在驅力，如果能建立足以信賴的連結，遇到關係破損時得以修補，那麼大腦就能以最佳方式成長。要是孩子的主要照顧者提供安全依附，這些可預測、因而可靠的經驗，就能降低孩子的壓力層級，讓他們發展出自信，最後得以自立。他們學會如何調節自身的感受與行為，得以茁壯成長。

這或許聽起來相當神奇，但事實便是如此：藉由與依附對象的連結經驗，我們學著成為如今的樣貌，甚至因而**認識**自己。你以為是個人內在而私密的經驗，像是察覺自己的情緒並加以調節，或意識到對特定事件的記憶，其實是孕育自你和生命當中重要的人所形成的社交關係。人類是極度社會化的生物，我們的人際連結會塑造內在的神經連結。孩子的心智，是隨著這種人際關係對內在個人的形塑而發展。（這點之後再詳加解說。）這就是為什麼安全依附對孩子的健康成長有如此強大影響力。

另一方面，要是沒有這類連結關係，孩子無法學習這些重大課題和技巧，出現各種困擾的風險更高：例如攻擊、反抗、過動、言語發展較差、執行能力較弱，甚至面對諸如貧窮、家庭不穩定、親職壓力和沮喪憂鬱之類的系統性問題時，韌性較低。

聽起來合情合理，不是嗎？獲得愛與支持的孩子，能仰仗父母現身相伴，並於情感上給予陪伴的孩子，面對生活可以做得更好。事實上，即使雙親中有一方沒能陪伴，但另一位照顧者確實能夠提供孩子成長所需的穩定性及可預測性，那麼孩子同樣可以得到伴隨安全依附而來的諸多好處。

這是個基本事實，它所依據的科學論述引人入勝，而且相當容易了解，用來了解自身以及親子之間的互動關係，威力無窮。

我們盡量讓接下來的解說清晰扼要，同時不違背科學事實，好讓一般人都能看得懂。如果想要更深入了解依附科學的基本概念，鼓勵你不妨閱讀本章接下來的內容。然而，若你對科學細節不感興趣，可以就此略過，直接去看第三章，我們會提出依附科學比較實用的部分。

依附科學及陌生情境實驗

首先，讓我們看一項突破性的研究成果，開啟了理解人類發展的全新方法。

一九六〇年代，科學家發展出一套引人入勝又具啟發性的測試法，從小孩一歲生日那天開始讓孩子和照顧者參加。出生後的第一年內，會有受過訓練的觀察員來做家訪，使用標準化評分量表評估媽媽和嬰兒的互動。接下來，一年到期時，每一對母嬰都被帶進一個房間，做一次歷時約二十分鐘的實驗。這個測驗就是所謂的「嬰兒陌生情境」，主要是想了解嬰兒與母親分開，並且獨自留在一個「陌生情境」（單獨或是和陌生人待在不熟悉的房間內）會發生什麼事。眼見媽媽離開房間，觀察一歲幼兒如何處理這種壓力，尤其是當媽媽回來時會如何反應。研究者發現，他們可以藉此深入了解嬰兒的依附系統——他們和主要照顧者建立連結的方式，以及如何使用這樣的連結關係作為「安全堡壘」。

這些研究已在許多不同文化情境下反覆做過上萬次，得知關係評估的關鍵在於重聚階段：孩子怎麼迎向返回的媽媽，受到安撫有多容易平靜下來，多快就能回去玩房間裡的玩具。後來，針對爸爸們做了相同實驗，得到共通的結果，所以我們可以說，這就是評估孩子和照顧者彼此關係的方法。安全依附的嬰兒（意思是說他們和父母任一方的關係穩固）在媽媽離開房間的時候，明顯表現出想念媽媽的跡象，媽媽回來時會主動迎接，一旦媽媽重新回到房間，很快就能平靜下來，繼續玩原本的遊戲。

不出所料，家訪時研究人員發現，安全依附的孩子其父母對嬰兒要求連結的表現很敏感，能做出回應，而且可以看懂孩子所給的提示，穩定持續地滿足其需求。換句

陌生情境實驗——重聚階段：安全依附

建立連結

恢復玩耍

話說，照顧者接收到孩子的訊號，能依據孩子的內在體驗（也就是孩子行為背後的心理）了解訊號的意義，然後以可預測、及時、反應靈敏且有效的方式做出回應。

安全依附是否常見？研究人員依照陌生情境標準程序來進行實驗，發現結果相當一致，大約有三分之二的孩子能夠安全依附於主要照顧者。這些人絕非完美的父母

（姑且不論完美父母是什麼意思），但孩子需要時，他們會穩定持續地陪伴在身旁，這樣做就能帶來安全依附。

另外有三分之一的孩子，表現出**和主要照顧者的不安全型依附**，其中又可區分成三大類。閱讀以下描述的時候，請千萬要牢記：這些分類講的是親子關係，以及孩子如何適應此關係；**並不是**對於孩子個人的評斷。

三大類不安全型依附

第一類不安全型依附的孩子，在「陌生情境」下表現出所謂**迴避型依附**（avoidant attachment）。媽媽離開把孩子單獨留下來的時候，他們幾乎是刻意把注意力投注在房內的玩具。事實上，媽媽離開的時候，他們並沒有表現出憂慮或生氣的樣子，而且媽媽回來時會忽視甚至避開。

你大概猜得出來，對迴避型依附孩子的觀察中顯示：父母對於小孩發出的訊號和需求看似漠不在乎或毫無所覺。他們會滿足孩子的**生理**需求，讓他們有玩具玩有事情做，可是**情感**需求被忽略了。因此，即使孩子感受到生理困擾，他們會這麼做：儘可能減少要求依附的外在表現。讓照顧者感受到自己的內在狀態（或稱情緒）、得到安撫的需求，似乎「隱而不現」。換句話說，嬰孩會自行適應人際關係的需求無法獲得

陌生情境實驗——重聚階段：迴避型依附

無視父母

繼續玩耍

滿足。孩子和發展出迴避型依附的那名親人互動時，即使露出難受的反應也被無視，孩子因此推測對方並不在乎他的痛楚，乾脆不要表現出失望與難過；這種策略若不是想要得到比較好的回應，就只是單純不願浪費精力而感到挫折。這些孩子適應互動關係的方式，就是所謂的行為迴避——他們會說，不在乎媽媽有沒有在房間裡，以應付父母沒能和他調諧一致的情況。

順帶一提，這種依附策略是專屬於孩子和特定那位親人互動，如果是和另一位照顧者評估檢測，結果可能毫不相同。你沒聽錯——孩子可能和父母之一形成迴避型依附，卻可以和另一位照顧者有安全依附，得到伴隨而來的諸多益處。

第二類具有不安全型依附的小孩，可歸納為所謂的**矛盾型依附**（ambivalent attachment）。此時父母對孩子表現出來的，既不是持續照顧並且調諧一致，也不是始終不在乎與遲鈍。這些小孩的童年歲月，是以父母矛盾易變為特徵。他們的雙親當中，其中一人有時調諧一致、敏感且有回應，有時卻無法辦到。因此，對於這位家長是否足以信任，這樣的依附關係導致孩子感到極度焦慮又充滿矛盾。

舉例來說，在「陌生情境」實驗中，矛盾型依附的嬰兒在媽媽離開**以及**媽媽返回的時候，都同樣難以安撫。他並不像安全型依附的孩子那樣會回過頭去玩玩具，反倒是憂心忡忡甚至死命黏著媽媽。似乎無法信任彼此的關係能夠提供他可靠的養育和安慰，因此，即使和媽媽實際在一起也無法讓孩子感到放心。

不穩定的過往經歷造成內在的混亂感，而且一旦父母回來出現在眼前，反而引發這種焦慮且不確定的狀態。前述迴避型依附的小孩，在乎的是要逃離這個關係，而且往往把全副心思投注在玩具上頭，藉以儘量減低依附系統的活化程度，並且把連結的需求也減到最小；矛盾型依附的孩子則是不敢把注意力從媽媽身上移開，因為害怕媽

陌生情境實驗——重聚階段：矛盾型依附

沒法安定下來，即使被爸媽抱在懷裡。

不輕易恢復玩耍

媽可能趁他不注意的時候離開，透過這種方式可以看到依附系統的作用被放到最大。

第三個不安全型依附類型最辛苦，稱為**紊亂型依附**（disorganized attachment），當媽媽回到房間的時候，孩子難以決定要怎麼回應，因此呈現出紊亂、迷惑或失序的行為。孩子可能會顯得受到驚嚇，然後去找媽媽，然後退縮，然後倒在地上無助地大哭，然後呆住不動。孩子甚至可能會緊抓住媽媽不放，同時又要逃開。

如果孩子覺得父母**極度**無法和自己調諧一致，認為父母很可怕，而且（或者）父母自己感到害怕，就會造成紊亂型依附。其他依附類型（不論是否穩固）會發展出規律有序的模式，來回應並對付敏感、情意疏離或反覆無常的照顧者，第三個類型的小

陌生情境實驗——重聚階段：紊亂型依附

靠向爸媽

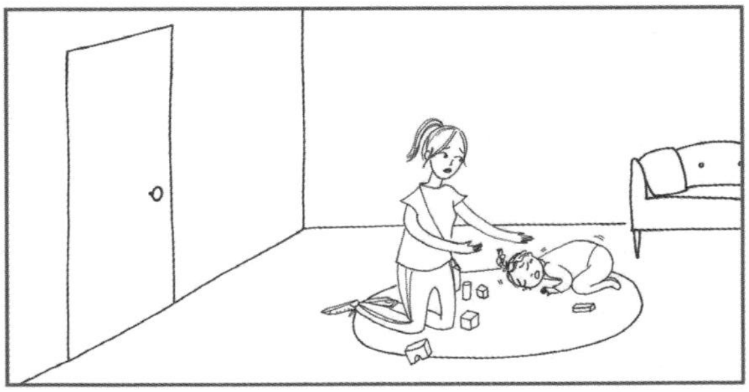

逃避重啟連結

孩卻不一樣，無法有連貫一致或有效的方式，以應付某位照顧者所引發的困擾不安，甚至會造成孩子內心驚恐害怕。

兒時的依附模式，和我們的教養方式有什麼關係？

很多參與最初「陌生情境」實驗的小孩持續接受追蹤，期間長達三十年以上。相當了不起，不是嗎？嬰孩時期接受研究的孩子，如今已長大成人，有很多已經有了自己的孩子。這就表示，依據長期的追蹤研究，我們可以探討這些參與者的兒時經驗，對於他們成年後的人際關係有什麼影響。即使這些孩子的成長過程裡有各種經歷、受到各種影響，絕大多數的孩子就算是長大成年，依然留在同樣的依附分類之下：安全型，不安全型－迴避型，不安全型－矛盾型，不安全型－紊亂型。有所改變的那些人，往往是他們的人際關係起了變化，幫助他們了解依附方式可以有什麼改變。

成人的依附模式對應到兒童期的模式，依附科學家已經為它們想好名稱。請跟著我們逐一討論檢視，看看哪一項最貼近你的個人經驗。想想你從小到大的個人依附史，以及你長大成年之後是如何展現。你也可以用來了解你的另一半，或更認識你的親朋好友。或許挑選褓姆或其他照顧者的時候，也可以銘記在心，如果有所選擇的話，甚至為孩子挑學校也能派上用場。

看這幾項分類的時候，有一點很重要：大多數人都擁有上述各種依附類型的幾個不同面向，只是程度分別有所不同。你可能會認為自己有些部分是屬於這類，然後又覺得也能符合別的不同模式。通常人們不會剛剛好僅符合某個類別，當你讀到接下來的各種描述時，你會發現自己認同某一依附模式甚於其他類型。

安全型及自主型依附

有些孩子夠幸運，成年後大致享有良好人際關係，覺得受同儕尊重，智力潛能得以發揮，而且個人情緒調控良好。依附研究人員把這種成年版的安全依附稱為**自主型依附**（free attachment）。由於他們兒時得到穩定持續的愛與關注，長大之後擁有不受拘束且自主的自治能力，可以自在的回顧、理解個人過往經驗，當下自在做自己，未來自由逐夢。如此一來，對依附關係的適應模式，就成為個人學會調節情緒、思維、記憶、自我意識和能力的一種方式，運用於互利的人際關係。科學原理十分清楚：我們藉著穩固安全的依附關係，培養出情緒智能與社會智能。

擁有安全依附關係模式的孩子，他們對連結的要求得到體貼入微的回應，若是關係破損也得以修補。他們的需要有人注意、有人理解、有人回應。他們的父母會陪伴在身旁。舉例來說，四個月大的嬰孩可能會哭，爸爸聽到女兒哭了，放下手邊的事情，把她抱起來，問道：「餓了嗎？」然後溫柔地餵她喝奶。

她發出的不舒服訊號有被注意到，也得到關注照顧。做爸爸的理解女兒有什麼需求，用及時且關愛的方式做出有效回應。有幸遇上這種時時留心的父母，孩子會感到心神相連且受保護，尤其是情緒上有所需求的時刻；這就會生出安全感，並創造出一處安全堡壘，可由此出發去探索世界。

這類孩子由於安全依附經歷，成年後的人生可以更加平順，克服生命中諸多挑戰和失意，迎來人生的美好時刻並歡欣接受，一切順理成章不足為奇。這樣的成年人重視人際關係，溝通良好，且對他人表現出同理心，可是也保持獨立自主。面臨壓力時他們保有韌性，可以調節情緒和身體，並能深刻理解自身的內心和行為。因此，當自己的孩子有需要，他們有意願也有能力陪伴，正如同先前所舉的例子當中，那位爸爸為餓肚子的四個月大嬰孩的所作所為。

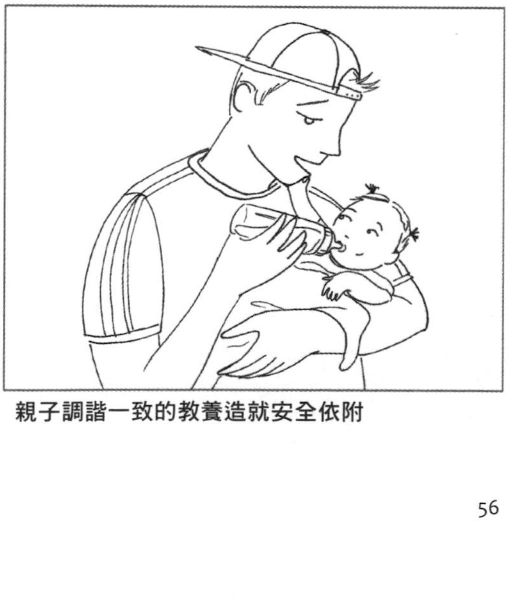
親子調諧一致的教養造就安全依附

孩子的依附模式	教養傾向	孩子大腦形成的假定前提
安全型	**安全**依附模式：對於嬰孩要求心神相連保持敏感、調諧一致且有所回應；能夠看出孩子的暗示，而且能以合乎預期的方式滿足孩子需求。父母可靠地「陪伴」孩子。	我爸媽並不完美，但我曉得我是安全的。如果我有什麼需要，他會靈敏地快速回應。我可以信任其他人同樣會這麼做。我的內在體驗真確實在，值得被表達出來並受到尊重。

迴避型及排拒型依附

顯然，並不是每個人的原生家庭都能提供安全依附的兒時經驗。孩子若是屬於三種不安全型依附模式之一，通常成年之後的人際關係，或多或少具有混亂或僵化的特徵，甚至兩者兼具。

孩子若是屬於第一種不安全型依附類型－迴避型依附，傾向於成年後難以與其他人產生連結，不僅如此，也難以連結至自己的內心狀態。

他們往往無法覺察情緒或不願意處理，而且很難和自己建立關係的對象在心理上、情感上產生連結。他們頑固地避免涉及過往經歷、個人情緒和人際關係的親密感。依照他們的兒時經驗來看，這也是有理可循。小時候他們的情感需求大多被忽視，因此，學會排拒個人感受，只不過是一種生存策略，成為習得依附模式的基礎。

以前文提到的四個月大嬰兒為例，想像另一種不同的情景。這回嬰兒哭了，但是爸爸有好一陣子都沒發現，無視她的需求繼續看書。接下來，他總算有所回應，卻由於被打斷而氣惱。他滿懷受挫的心情，為女兒更換尿布，氣呼呼地把她放回遊戲圍欄裡，可是孩子依然哭鬧不停。爸爸更火大了，把女兒移到搖籃，以為她大概是累了想睡。嬰兒還是大哭大鬧，到最後，餓了一個鐘頭之久，總算等到爸爸餵奶喝了。

爸爸對嬰孩哭泣的反應延遲了這麼久，根本掌握不到她在那個當下的真實感受和需要，如此互動一再重複，孩子會從中學到什麼？爸爸不太明白她發出的信號，沒有聽到或無法理解她。要是爸爸一直都無法關注她的溝通提示，孩子就學到自己老爹派不上用場，無法滿足需求，情感上也不能心神相連。日子一久，她可能會體認到世

漠不在乎的教養造成不安全型的迴避型依附

上沒人可以真正深入了解她，父母沒能看透她的心思，也不能指望別人會關心她的需求和情緒。到最後，為了適應她所處的環境，為了得到來自照顧者的最佳回應，她的大腦連接方式也會變成要迴避且無視情緒，不再看重人際關係。換句話說，在過往經驗中人際關係沒什麼助益，未來又何必有所依託？

大腦的結構與運作

孩子的腦部如何適應這類情境並且學會否定情緒，我們為大家解釋其背後的神經科學。把大腦想成是一間屋子，樓上樓下各自具備不同能力，擔負不同責任。下層腦是由腦幹及位在腦部下方的幾個部分組成，包括控制情緒和驅力的邊緣系統。下層腦是人類較為原始且較屬本能的處理程序源頭，像是基本身體功能、先天衝動，以及強烈的情緒。與此相對，上層腦是由前額葉皮質及位在腦部上方的其他部分構成。這是大腦比較進化的部分，負責高階思維，譬如想像、決策、同理、個人洞見以及道德等相關任務。

因此，孩子對連結的內在需求，長留在比較原始的下層腦裡，迴避型依附因為一直難獲滿足，以至於大腦學會關閉這些內在信號，避免它們進入上層腦的意識中。事實那些基本需求的信號遭到拒絕被擋下，不能進到上層腦，以作為一種防衛方式。事實證明，大部分的身體訊號，甚至許多來自下層邊緣及腦幹區域的訊號，首先抵達皮質區右側。或許你曾聽說過，大腦的左右兩半相當不一樣——無論是發展的時序（右腦先）、構造（右腦比較是在自己內部彼此相連）、功能（右腦注意的焦點寬廣，而左腦狹窄；右腦接收來自下層腦的輸入，也包括身體，而左腦比較專精於語言符號，即人類說寫的語言），真是令人驚奇。

　　大腦的構造如此，不妨想想看：如果可以不去覺察下層腦，以及身體傳送到皮質（即意識源起之處）的訊號，那麼

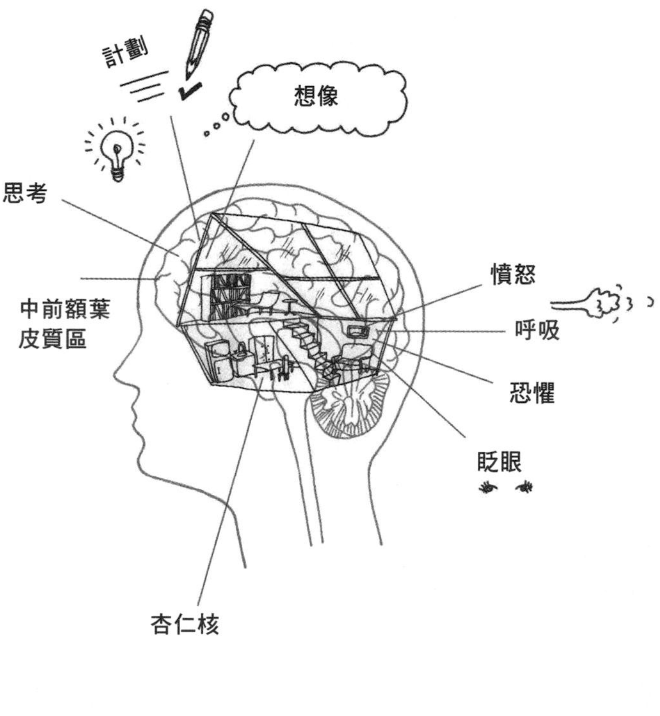

你就不會因為父母忽略你要求連結而難過。只發展左半邊皮質活動，並且讓它與右半邊脫離，就能達成上述目的，以至於當你成長發育之際，不會意識到內在身體狀態，也不會察覺由你的心和直覺處理的渴求與失望等內在感覺。你等於是和自己的內在世界隔離開來。

研究數據指出，如果受試者面臨和依附相關的課題，生理狀態會展現出明顯的受苦，即使從人外表看起來無所謂。這現象既適用於具有迴避型依附關係的兒童，也適用於他們父母所具備的排拒型依附（dimmissing attachment）。以「嬰孩陌生情境」實驗為例，嬰孩的反應並不是走向媽媽，即使媽媽回來時，他的心理計量數據（比如心跳速率）呈現出壓力。孩子雖然知道了，要把依附系統的外部活化狀態（即行為表現）減至最小，但他的下層腦和身體都**知道**人際關係重要無比，壓力反應出現的時機，表明了他依然有連結的需求。

三個系統的交互作用

簡單來說，依附關係觸及人類最深層的網絡，牽涉到腦部的三個系統。第一是獎賞系統，從下層腦延伸至上層腦。依附便具有獎賞效果。第二是感覺及調節身體的系統——因此是生存感的基礎。第三個有時又稱為「心智化」網絡，指的是如何以「心智省察」（mindsight）的能力來感覺照顧者的心，而最終感覺到自己。獎賞、身體調節和心智省察，是腦中三個明確區分開來的網絡，藉由兒時及成年生活中的依附關係，三者彼此交織在一起。

就讓我們從迴避型依附的立場，看看這三個系統怎麼運作。

迴避型依附的人，依據他們和照顧者難以心神相連的過往經驗，一旦處於會啟動依附網絡的情境之中，為了保持身體得以調節，他們會關閉此時此刻要求連結的獎賞迴路驅力。可是，原本可以覺察照顧者心理狀態甚至是自己心理狀況的心智省察網絡，也同時被關閉了。事實證明，理解人心以及調節身體兩件事，都是由大腦的右半邊主控。基於這些研究成果，或許可以說：具有迴避型依附史的人，是靠左腦主控的方式來過生活。這個為了適應的神經生存策略有一個後果：對於非語言信號（眼神接觸、包含流淚在內的種種臉部表情、不安或憤怒之類的語氣、站姿、手勢，以及回應的時機與強度），具有排拒型依附模式的成年人都不甚敏感，這些人很可能在童年時期有著迴避型依附經驗。此外，這些人的敘事有個常見特徵：一再強調他們並不記得兒時經驗。不僅是幼小的童年時光（三歲以前）如此，就連上了小學之後的親子關係體驗也是印象模糊。這兩項發現，和左腦主控策略是否一致？非口語信號和自傳式記憶，正是由大腦右半邊主控！在這些依附情境中，把大腦右半邊關閉不用，從前尋求連結及調諧一致的要求無法得到滿足所生的不安苦楚，就得以避免掉。這個適應策略有個問題，會讓主體在當下一直要斬斷情意的交流連結。描述他們如何理解人生的敘事，甚至「無視」人際關係中親密的重要性——因此他們的策略被稱為「排拒型」。

我倆在各自的行醫生涯中，總會遇到這類青少年或成年人，其行為模式是把注意力放在外部的實體世界，而不注意心靈的內在世界。他們看待世界的方式，就好像實際存在的唯有物質層面，可觸及、可測量、可感受其重量才算真實，而且認為真實僅僅存在於這個外部可見的存有面。當然，實體世界的確真實。可是同樣真實的，還有我們的內在心理及情緒面向，這個主觀的內在海洋，用感受和思想、希望和夢想、衝動、欲望和渴求充實我們一生。雖然這些層面被認為是主觀的，並不會因此變得不真實；只不過是由個人的內部啟動。它們或許沒有辦法測量得到，但若想於我們的內在及人際生活中創造幸福快樂，絕對算得上是最重要的關鍵面向。

如果孩子形成對某位照顧者的迴避型依附，那位依附對象展現出來的，就是對於孩子內在海洋極端無視：孩童不曾感受到照顧者看見他們的內在世界且有所回應。就好像他們的內在主觀自我幾乎沒有被看到過、被認可，或者能夠以所謂的「反思性對話」（關於心智內在本質的對話）被說出來。這種依附關係類型造成如下後果：它似乎會在孩子內心造成阻礙，讓他們也無法認識自己的內在世界，心智省察的能力貧乏。孩子依然擁有見到那片內在海洋的能力，只是目前未經開發。再次強調，培養內在心智省察力永不嫌遲——這道理同樣適用親子雙方。

正因如此，可以理解這些孩子長大成人後會帶有某種「與依附有關的心態」，這說法是用來描述成年人把他們適應自身依附史的策略，帶進人際關係生活當中。以目前這個模式為例，人們採取的策略似乎被一種毫不在意內在海洋的方式掌控，對自己、對別人都如此。依附科學顯示，迴避型依附的孩子，成年後容易發展出所謂的**排拒型依附**。他們變得過著情感疏離的人生，對人際關係的重要性不以為然，往往會避開親近感，並且拒絕嘗試與他人建立深入或有意義的關係。他們可能在生活中某些領域極度成功，說不定甚至還培養出在公開情境的絕佳社交技巧，但是親密感讓他們覺得不舒服，他們會排斥親密關係的重要性，一生都缺乏更深度的個人連結。從外在看來，他們也許表現得像是沒有追求親密感的獎賞驅力，而且並未運用到心智省察網絡，可是這些現象或許各個都只是一種策略，以確保身體調節功能發揮效用。心神相連成為一體的「我們」，在小時候未曾以值得信賴的方式產生，所以獨善其身的生活方式，說不定可以有效適應童年的缺乏連結。因此，他們的伴侶往往會覺得孤單寂寞、情感疏遠，而且他們自己的小孩跟世界的互動，很容易就發展出一模一樣的方法。這麼一來，具有排拒型依附模式的成年人，其教養方法就和安全型、自主型的父母大不相同。

以經典的「是誰在敲門」笑話為例，最後的笑點，巧妙傳達出一種排拒型的教養模式。

爸媽：扣扣扣。
小孩：是誰在敲門？
爸媽：唏。
小孩：哪個唏？（聽起來似乎嗚嗚嗚在哭）
爸媽：不准哭。

這種排拒式的回應是由於爸媽的個人經驗所造成，他們自己的情感需求從來不曾被察覺，也不曾被滿足。與此形成鮮明對比，若父母調諧一致且帶著關懷回應，回話就會大有不同。

爸媽：扣扣扣。
小孩：是誰在敲門？
爸媽：唏。
小孩：哪個唏？
爸媽：唉呦，你在哭嗎？進來吧。說說看是發生什麼事了。

後面這段笑話的應答或許沒那麼好笑，可是確實達到愛與關注的溝通效果。

孩子的依附模式	**教養傾向**	**孩子大腦形成的假定前提**
不安全型： 迴避型	**排拒型**依附模式：無視孩子發出的信號及需求；不能和孩子的情感需求調諧一致。	爸媽也許經常會出現在我身旁，可是他對於我的需要或是感覺如何都不怎麼在乎，所以我學會忽視自己的情緒，並且避免表達出我的需求。

矛盾型及心神被占據型依附

三種不安全型模式的第二類，是矛盾型依附，這樣的人成年後，和自己孩子建立關係時遇上的挑戰又不一樣。前文所說迴避型依附的孩子，往往成年之後會成為情意疏離的人，與別人也與自己的內在世界斷開來；因為他們的排拒型依附模式，會避免生出情感。這只不過是自小學會的生存之道。以神經科學的觀點來說，這個生存策略可將情感依附減到最小，有部分是藉由退縮到主掌邏輯、語言的左半腦而辦到。

與此形成鮮明對比，**矛盾型依附**的孩子，成年後會過著充滿混亂、焦慮且沒有安全感的生活。他們不是活在情感的荒漠，反而是以氾濫的情緒回應生命。他們的個人體驗騷亂失序，這是由於父母有時現身陪伴，有時又不見蹤影。父母陪伴在身旁的方式不能連貫一致，這種「間歇性強化」，實際上增加了他們對依附的需求。他們學習到：不能靠父母尋求調諧一致、心神相連、調節平衡，而且這樣的反覆無常，使得他們與父母的關係充滿不安全感，推而廣之，其他人際關係也是如此。因此，長大之後對於親密關係缺乏清晰的內在安全感，就成為他們的適應方式。不像迴避型依附的孩子會把追求連結的驅力減到最小，矛盾型依附的孩子會放大那股驅力。

讓我們再用之前那個肚子餓的四個月大嬰兒為例，透過矛盾型依附的角度加以說明。當小嬰孩哭泣時，爸爸可能其實是**想要**出面協助，滿足她的需求。事實上，有時候的確能夠辦得到。可是有時候完全受情緒擺佈，實際上變得無法有效回應。先前提到的排拒型爸爸以情意疏離的方式接近孩子，這位爸爸則是很容易就情緒滿溢，讓自己陷於雜亂無章及混淆困惑之中，無法與孩子同頻並採取適當行動。他沒能處理女兒肚子餓的問題，反而變得焦慮不安，還擔心自己根本沒法提供安撫。他趕到孩子身邊，一副嫌惡的模樣，把她抱起來。此時此刻所感受的壓力，讓他想起工作的壓力還有上司的批評，更憶及以前有時也會被媽媽辱罵。因為兒時的經驗就是焦慮、矛盾，不禁懷疑自己是否能做個好爸爸。若說排拒型依附是關於**情意疏離**，那麼成年人的**心神被占據型依附**（preoccupied attachment），就是關於混淆錯亂。他想要照顧小女兒，卻又深怕自己沒有能力做好。你可以想像得到，在這種情況下，獎賞、身體調節和心智省察，三個以情感依附為基礎的神經網絡，全都失衡。在這位爸爸的大腦裡，矛盾型依附的過往經驗增強獎賞迴路的活化程度，使得他的身體更加痛苦難受，而且他的心智省察視角，被以前沒能解決的個人童年經驗課題蒙蔽。

就在這同一時間，嬰孩還被抱在他懷裡哭泣，抬頭看見一副滿懷憂愁的臉孔，感受到他身體的緊繃。孩子完全被爸爸的內心狀態籠罩，而且由於父親覺得焦慮且混淆錯亂，小女兒也感受到了，延續他因持續性的不安全感所「殘留」的種種課題。

這名嬰孩，透過這次、還有成長過程裡其他上百次互動，了解到她不能確切指望自己的需求能夠被感受或者獲得滿足。父親**想要**陪伴她，而且有的時候也真能辦到。可是他通常一直陷入自己的情感世界當中，沒法提供嬰孩所需，來自父親可靠且穩固的支持。隨著她長大進入青春期、成年，到那時候，她的自我感會變得十分混淆。獎賞、身體調節以及心智省察三大網絡，也一樣沒有穩固的基礎。如果只是四個月大的嬰兒，唯一所知就是自己餓了。可是隨著她長大，爸爸不能穩定持續地參與她的生活，類似的經驗反覆發生，以致從神經科學的觀點來看，飢餓變成與焦慮及不確定形成連結。因此，她自己對生活的態度，可能就會變得不穩定且混亂不堪。（這是假設沒有另一位重要照顧者可提供她安全依附，緩和她和爸爸之間矛盾關係的負面影響。）

具有這種矛盾型依附模式的孩子，到了成年階段，會發展出所謂**心神被占據型**依附模式，其特徵是親密關係裡的連結方式混亂且高度情緒化。具有排拒型依附模式的成年人，一般來說會否定過去經驗有多麼重要，連同他們自己以及其他人的情緒也都一筆勾銷，而具有心神被占據型依附模式的成年人恰好與此相反。他們變得糾纏於過往，或滿腦子都在想以前的事情，固著在人際關係和情緒上。因此，情緒高張的騷亂及顯著的焦慮，成為他們人際互動的特徵。對於關心在乎的人，往往難以應付自己對他們的需求，而且一直被情緒的大幅波動帶著跑，像是憤怒、怨恨，還有對昔日關係的恐懼。如此在他們內心製造了衝突矛盾，有時情緒的火山會造成極度消極回應外部世界，因為羞愧感及自我懷疑，留給他們的是混淆的核心自我。他們體會到渴求連結的衝動會把別人推開，因此產生一個反饋迴路，強化其他人都不足以依靠的印象。他們追求依附的驅力被放大增強，充滿了擔心和混亂。可想而知，隨之而來的就是信任問題，如此的循環持續進行，

無法穩定持續與孩子調諧一致，造成不安全型的矛盾型依附。

那些內在狀態又被強化，殊不知正是如此而造成混淆。

腦部掃描證實以上說法。研究人員已檢視過不同受試者見到其他人的臉孔和情緒時會有什麼神經元反應。排拒型依附的人耗費較少的注意力資源去關切人臉和情緒，他們比較無法了解別人、生出同理感受，心神被占據型依附的人剛好與此相反。腦部掃描顯示，他們對人臉和情緒投注**過多**注意力，要求關愛的情況顯而易見。正如所料，安全依附的人找到兩種反應之間的健康平衡，對人際關係和別人的評論予以適量注意。

心神被占據型的敲敲門笑話，強調的是父母由於個人情緒不穩定而沒有能力陪伴孩子。

爸媽：扣扣扣。

小孩：是誰在敲門？

爸媽：咘。

小孩：哪個咘？（聽起來似乎嗚嗚嗚在哭）

爸媽：真的假的？你在哭嗎？為什麼要難過呢？哦，好棒棒呢。現在你害我哭了！

孩子的依附模式	教養傾向	孩子大腦形成的假定前提
不安全型： 矛盾型	**心神被占據型**依附模式：有的時候調諧一致、敏感，而且對孩子的信號與需求有所回應，有的時候則不然。有的時候具侵犯性。	我從來不知道爸媽會有什麼反應，所以我得要時時刻刻繃緊神經。我絕對不能鬆懈下來。我不能信任有人會合乎預期陪伴在我身旁。

安全型的自主依附，可讓你的人際關係和人生如此安穩而成功。那番自由，給予個體自主能力去反思過往並從中學習，也能從他們自己以及其他人的情緒學習。不需要像排拒型模式的人要斷開過往及情感，也不會像心神被占據型模式的人變得糾纏不清。

紊亂型及未解決型依附

不安全型依附的最後一種類型為**紊亂型依附**（disorganized attachment），以孩子的發展來說最讓人困擾。要是父母沒有幫助小孩讓他覺得安全、不受威脅，反而變成了威脅本身，就會出現這種類型。孩子從一再重複的經驗中，體會到父母是造成驚恐的來源，父母的行為極度忽視不在乎，因而讓人非常害怕，或是過分混亂而無能為力，或者是有的時候父母變得有威脅性、危險而嚇人。由於依附對象（即父母）的行為舉止，或是因為有什麼事他們沒有做到，這些情況都會在孩子心中激起驚恐。這種害怕爸媽的經歷，使得孩子長大成人後難以調節情緒，也不容易覺得這個世界是安全的。其他不安全型依附類型（迴避型和矛盾型）的互動模式，會養成**有條理**的行為模式，讓他們可在世界上過活：排拒型個體由於和父母的迴避經歷，會避免情感連結和親密感；心神被占據型個體傾向於反覆經歷混淆、痛苦狀態，會盡其一切努力，減少人際交往時感受到的焦慮和矛盾心情。關鍵在於，迴避型／排拒型模式把依附極小化，或者矛盾型／心神被占據型模式把依附極大化，都符合一套有條理的求生策略，策略的內在是統整的，即使並非安全依附或是最佳策略。

可是，對於小時候父母可怕嚇人，導致長大成人具有紊亂型依附模式，這些人沒有某種有條理的策略可在生活中提供引導。他們落入得不到合理或有效回應的處境。試著設想一下獎賞、身體調節和心智省察三個網絡的狀況。在受威脅的狀態下身體失調，再加上感受到嚇人父母的心理這件事本身就相當嚇人。如此一來，依附的獎賞基礎很可能就變得支離破碎。為什麼呢？如果父母成為孩子驚恐害怕的源頭，就會在孩子心中產生所謂的生物性矛盾，因為他進入兩個同時存在的腦部狀態。一方面，他覺得必須向照顧者尋求協助，因為他感到害怕。千萬年以來的演化發展，已教會他的大腦這是適當的反應。他的依附對象應該要保護他，要給他好的事物，提供安全及安穩。然而，另一方面，在這個例子裡，照顧者是他痛苦難過的**來源**。所有生理架構據以而為的那些期待都落空了。因此，他覺得被迫要去找父母、同時又要逃離他們。

以神經學的觀點來說，深層腦幹要逃離危險的生存反應，驅使孩子遠離恐懼的源頭。下層腦裡，比腦幹稍微高一點的邊緣區域，正是大部分依附系統功能啟動的位置。基本上，哺乳類的系統就是在說：「嘿！我在這兒陷入危險了，之前的哺乳類祖先全都向依附對象尋求安撫及安全感，所以我馬上要往那邊過去！」可是那個依附對象也是造成驚恐的源頭。腦幹要**遠離**那個人的驅力，和邊緣系統要**移向**那個人的驅力，兩股力量造成內在衝突，產生矛盾。一個身體，怎麼有辦法同時移向又遠離同一個對象？誰都做不到。不可能有條理分明的方法來處理這個情境。

這個人的因應策略隨之破碎不全，即所謂「解離」，以及重度的情緒與行為失調，嚴重損害健全的運作。他的人際關係充滿考驗，要在壓力下保持專注，面對具有挑戰性的內在及人際生活還得保持內心平靜。

依附理論的研究者彼得・馮納吉（Peter Fonagy）運用「知識信任」（epistemic trust）概念，探討人們如何得知某件事違背了現實的本質（即知識論），特別是紊亂型依附經驗造成的狀態。如果嚇人的事件是由依附對象造成，其形塑現實本質的方式，便和外部世界父母行為理應呈現的模樣不相符。反覆違反知識信任，會將何謂真實的內在意識弄得支離破碎，這是導致精神生活碎裂、解離的因素之一，這些現象都可在具有紊亂型依附史的個人身上見到。還好，如此嚇人而破碎的經驗，以及在孩子身上誘發且持續帶入成年的解離現象，如果能介入改善，相當容易得到治療而能痊癒。可是如果置之不理，即使為人父母者根本不想讓歷史重演，但是他們心靈破碎不全，行為又嚇到子女，將可能讓紊亂型依附反應造成下一代再次經受驚恐。

具有紊亂迷失型依附的父母，往往來回擺盪於混亂和僵化之間，與他人建立關係以及調節自身行為和情緒的時候問題重重。對這些成人來說，威脅或失落臨頭之際諸事難以預料。他們的反應會是完全紊亂，甚至有的時候還很危險。他們可能會突然爆怒或發出威脅，行為或語言失去控制。他們可能變得害怕，不知所措；甚至可能會自我封閉，與外界隔離，以致認同感瞬間變調，或無法掌握眼前發生的事。這些難以預期而且令人害怕的反應，可在某些成人身上見到，即所謂**未解決型**（unresolved）依附模式。

舉例來說，飢餓的四個月嬰孩的爸爸，如果他是以未解決型依附模式運作，聽到嬰兒哭聲的時候，可能會變得無法調節自己的情緒。想想看，鑑於他的未解決型依附狀態，他的獎賞、身體調節以及心智省察網絡，都不能以有條理的方式運作。對大多數父母而言，或許這只不過是個惱人的情況，在他眼裡卻幾乎成了災難——大腦裡引動的神經觸發狀態，就像是自己兒時流淚會引發驚恐的那些時刻。他可能會趕到女兒身旁，緊張地突然把她抱起來，緊緊扣在懷裡，害她哭了起來，這又使他抱得更緊。他可能會到廚房去準備奶瓶，可是面對充滿壓力的情境，他感到無助，心思開始分崩離析。孩子哭得更大聲，他整個人陷入恐慌，被自己酗酒的父親虐待的記憶排山倒海而來，心跳愈來愈快。他迷失在被父親揪住頭髮的回憶裡。很快他就發現自己開始對著女兒大吼——「別吵！安靜！我再也受不了了！」——而此時嬰孩停下來不再哭泣。如今她只是兩眼無神望向空無之處，輕輕啜泣。父女兩人都被嚇壞了，她的腦子一片空白。

孩子親眼看見爸爸的行為感到驚恐害怕，就以空白回應。他既被嚇到也嚇到別人，導致小嬰孩同時感受到兩股驅力，既要逃離又要去找照顧者，造成生物性矛盾。顯然這個處境難以解決，孩子的心智被搞混了，或許會因而分裂解離。她難以理解這情境，或是很難發展出條理分明的適應之道。其他的不安全型依附類型有章法可言，對父母不太理想的行為會做出有策略性、適應性的回應。排拒型父母的孩子很快就學會要忽視自

驚恐導致不安全型的紊亂型依附

己的感受，避免造成困擾或表達需要與情感。同理，心神被占據型父母的孩子發現，保持超級警覺十分重要，隨時準備好適應難以預期的照顧者。他因應父母行為所學到的適應模式，將來會再複製這些關係類型，如此可見這些適應方式有多頑固僵化。

但在此例中，當父母紊亂、未解決的行為，以讓人驚恐的方式養育孩子，孩子就沒有辦法歸納出有意義、可派上用場的適應性反應。既然父母的行為嚇人，而且毫無條理或秩序可言，就不會有井井有理的策略或因應機制，只能受到驚嚇卻沒有解決之道。結果就是慣常的意識連續性破碎斷裂，以致出現心智解離，不論是調節情緒、和別人相處、應付挫折，還是想單純以統合一致的方式過生活，各方面都遇到困難。

過往的創傷及失落干擾

因此這種依附模式被稱為「紊亂型」。會生出這種依附模式的情境之一就是受到創傷。腦部掃描已顯示，雙親虐待及忽略（所謂的發展性創傷），損害到能讓神經統整的腦部區域，這可解釋情緒調節發生問題、社交溝通匱乏、學業推理能力薄弱、易發生暴力衝突，以及紊亂型依附孩童身上所見的其他問題。

因此，許多父母做出嚇人的行為（通常不是故意的），即使不算是虐待或忽略，都導致了紊亂型依附，他們通常經歷過各種創傷及失落，至今未能解決也不令人意外。父母與孩子的互動，和他們與自己照顧者的過往經驗糾結在一起。

舉例來說，有個小孩堅持己見，不願意讓媽媽抱他坐上汽車安全座椅。假設，這位媽媽以前遭受父親虐待，父親會偏心對其他手足比較好，而且從來不會拳腳相向，以致她成年後有著紊亂型依附模式。面對兒子拒絕讓她扣上安全帶就座，她的反應大大受到兒時經驗影響。當孩子說：「我才不讓妳抱我坐上安全椅。只有爹地才行！」一開始她或許還能保持平心靜氣：「沒事，現在由我帶著你。」

可是小孩堅持「不行，我要爹地！」之際，嵌在她神經系統內的記憶（即某個與她個人認同敘事交織在一起的經驗），突然闖入心中並且很快掌控全局。她回想起來父親偏愛其他手足時被遺棄的感受，更別提被原本應該保護她的父親追著打，引發極度恐懼。背叛、羞辱、遺棄、恐慌：全都牢牢鑲嵌在她的「內隱記憶」（implicit memory）中，包覆在她的情緒、認知、身體記憶內。此時此刻，內隱記憶發動腦部，準備好要立即反應採取行動。

因此，當兩歲的孩子說「爹地才能幫我扣安全帶，妳不行！」的時候，這位媽媽的大腦依然裝滿尚未解決的創傷，被那些內隱記憶取代。她只是做出反應，並沒有意識到，自己的行為是和未能解決的過往經驗有關。她覺得被自己兒子羞辱了。她好想要做個能幹的母親，堅持到底：「坐上你的安全椅！」可是孩子又再跟她講「不不不。妳不曉得怎麼扣！」連個小孩都帶不好的感受，和她自己兒時受辱的經驗相互呼應。

羞恥、被遺棄、被背叛，還有其他各種情緒在她內心盤旋，結果她一把抓住年紀還小的兒子，想要強迫他坐進安全椅。

兩人來到車子旁不過十秒鐘，她就失控了。所有內隱、皮質下的記憶都被激發，而且她腦部較低、原始、下層的部分已全面接管掌控。誰曉得接下來會發生什麼事？走極端的話，她可能最終會迷失在自己的內隱記憶裡，無助而崩潰，跑回屋裡，或倒在地上哭叫。變成那副模樣，恐怕連她自己都害怕得要命。也有可能，她會憤怒發脾氣，不僅變得言語傷人、情緒虐人，甚至還會動手動腳。

紊亂型依附就會導致上述狀況。各位會發現，雖然不是出於故意，它對應的就是成人未解決型依附模式，會生出這些嚇人的父母失調插曲。紊亂、混淆的親子互動循環一再重複，如此養大的成年人，沒辦法應付生命中遇到的挑戰。他們對於自己是誰、要如何進行健康的人際關係，都缺乏清楚的認知。紊亂型的敲敲門笑話完全荒唐沒有意義，孩子根本無所適從，不知該如何回應媽媽混亂失序的狀況。

爸媽：扣扣扣。
小孩：是誰在敲門？
爸媽：咘。
小孩：哪個咘？

爸媽：自己去哭吧！討厭死了，你這個愛哭鬼。走開別進我房間！

孩子的依附模式	教養傾向	孩子大腦形成的假定前提
安全型	**安全**依附模式：對於嬰孩要求心神相連保持敏感、調諧一致且有所回應；能夠看出孩子的暗示，而且能以合乎預期的方式滿足孩子需求。父母可靠地「陪伴」孩子。	我爸媽並不完美，但我曉得我是安全的。如果我有什麼需要，她會靈敏地快速回應。我可以信任其他人同樣會這麼做。我的內在體驗真確實在，值得被表達出來並受到尊重。
不安全型： 迴避型	**排拒型**依附模式：無視孩子發出的信號及需求；不能和孩子的情感需求調諧一致。	爸媽也許經常會出現在我身旁，可是他對於我的需要或是感覺如何都不怎麼在乎，所以我學會忽視自己的情緒，並且避免表達出我的需求。

不安全型：矛盾型	**心神被占據型**依附模式：有的時候調諧一致、敏感，而且對孩子的信號與需求有所回應，有的時候則不然。有的時候具侵犯性。	我從來不知道爸媽會有什麼反應，所以我得要時時刻刻繃緊神經。我絕對不能鬆懈下來。我不能信任有人會合乎預期陪伴在我身旁。
不安全型：紊亂型	**未解決型**依附模式：有的時候對孩子的信號及需求極度無法同頻；讓人摸不清方向；若不是嚇人就是被嚇到，或同時發生。	我的爸媽很嚇人而且讓人摸不著頭緒。我並不安全，沒有人可以確保我的安全。我不知道該怎麼辦才好。我很無助。人們都很可怕而且不可靠。

你可以看得出來，為什麼紊亂型依附模式會導致兒童功能失調，等他們長大成年後也一樣。如果虐待、忽視等發展性創傷的極端事例可成為推論依據，我們會發現，紊亂型依附可能讓孩子大腦內部統整嚴重弱化。若是發生類似原初創傷或忽略的狀況，依隨情境脈絡的腦部狀態，會特別容易觸發一個威脅狀態，此時個體正處於破碎不全的求生模式，不再能夠處於當下、和別人互動，就算是面對孩子也不例外。

其他幾種不安全型依附確實會造成親密關係的障礙，至少還讓孩子保有條理分明、具適應力的策略，不管是要自我封閉且擺脫情緒（比如迴避型依附的例子），還是要放大情緒且在親密關係裡一直焦慮難安（比如矛盾型依附的例子）。這些策略至少讓孩子能夠針對不能提供安全依附的父母，發展出穩定持續的回應之道：要嘛封鎖關閉，要嘛升高加大。相對而言，未解決、紊亂型依附模式使孩子混淆不清，而且無法培養出任何言之成理的因應策略。某些方面來說，紊亂型依附可解讀為既尋求調升依附驅力，同時又想阻止其運作，因為孩子試圖對同一位照顧者做出相伴而生的趨近和迴避行為。此外，違背了知識信任（曉得「知道何者為真、何者為假」的方法），可能會使得內在紊亂狀態更進一步充滿恐懼及混淆錯亂的感受。當孩子長大進入青春期或成年，這個外顯的行為矛盾，會強化解離的內在壓力處理機制。

未來充滿希望：習得安全依附

依附理論研究人員反覆做了這麼多調查，給我們什麼啟發？簡單來說，還是十分符合我們的預期：在情緒上有所回應、敏感、調諧一致的父母，往往會養育出具韌性且情緒健康的孩子，而且通常都能成為調適良好、幸福快樂的成年人，能夠培養出彼此互惠的人際關係。當然，遺傳基因會大幅影響孩子的實際表現，還有各人造化等運氣成分。不過情況已經十分清楚，即使是一歲幼兒，孩子的發展及其世界觀受到父母很大影響，無論是兒童期還是成年之後都躲不掉。

前文提到的依附模式，有哪一個讓你看了心有戚戚焉嗎？你是否認出自己的父母，或者說不定是你自己，符合這些描述？如果有些不安全型或未解決型模式讓你有所感觸，你要知道：即使你沒有從父母那裡得到安全依附，依然能夠提供給自己的孩子。安全依附可以**努力學習而得**。

我們想要對孩子靈敏回應而且調諧一致，用安全的依附關係協助他們成長。但，如果我們發現自己表現出某些迴避型、矛盾型或紊亂型依附的特徵，那該怎麼辦？難道沒救了只能重蹈覆轍嗎？

依附科學要說「絕對不是那樣」。人們往往以為，兒童時期的依附經驗相當重要，而且恆久不移。然而，它們雖然很重要，卻絕對可變。**習得安全依附**（earned secure attachment）正可在此發揮功能。藉由學習如何建立穩固的人際關係，你可以努力獲得安全感。沒錯，你所接受的教養方式，對你看待世界、教養自己孩子的方式具有重大影響。然而，你如何理解自己的兒時經驗才更重要得多，即你的心智如何形塑記憶來解釋此時此刻的自己。雖然你無法改變過去，卻可以改變理解過去的方式。如果你可以檢視自己的生命故事，尤其是檢視父母，並能理解他們之前所作所為的因果緣由，就可以覺察兒時經驗對你的發展造成什麼作用，還持續影響到你目前的人際關係，包括教養孩子的方式。藉此你就能學習如何努力獲得安全依附。接下來我們會討論到，在尋求理解自身依附史的過程當中，你與孩子的互動情況將會是關鍵要素。

具體而言，理解我們的生命故事是什麼意思？之前曾經提到過，關鍵在於要逐步取得依附科學家所說的「融貫敘事」，讓我們能從中思索，認識到家庭經驗裡好的、壞的面向，以及我們對這些經驗的感受。接下來我們就可以曉得，這些經驗對於我們的大腦及人際關係模式有什麼影響。以下節錄一段融貫敘事，讓各位有所體會：「我媽一直在生氣。她很愛我們；這倒是無庸置疑。可是她曾經受到父母很大傷害。外公一直忙於工作，而外婆偷偷躲起來酗酒。媽是老大，下面還有五個小的，所以她一直覺得自己應該要能做到完美無瑕。可是當然她做不到。她避免表達情感，而且試圖保持極度自我克制，可是只要事情不順她的心意，就會大爆發。通常都是我和姐妹們倒大楣，有時甚至還會上演全武行。我擔心有的時候會太放任孩子們，我想部分是因為我不願意他們感受到壓力而想要做到完美無瑕。」

顯然這位女士和很多人一樣，童年時光並不是那麼美好。但是她可以清清楚楚把它講出來，甚至同情媽媽的處境，還能思索這對她自己、對她的孩子具有什麼意義。她可以提出個人經驗的特定細節，輕易地從記憶進展到理解。她並沒有排拒過往、視而不見，也沒有變得心神不寧無法忘懷。這就算是一個融貫敘事。

許多成年之後能有安全依附的人，其父母雖不完美，但大多數時刻能夠穩定持續回應孩子的需求。不過，其他人就跟這位女士一樣，必須「掙取」自己的安全依附，這表示雖然雙親不能給他們成年後擁有安全依附的那種童年生活，但他們可以藉由理解過往經歷而克服這個難關。這個理解的過程，可透過內在反省或人際之間的連結達成。

反過來說，沒能藉由這個情感功課贏得安全依附的成年人，難以用明晰而且可理解的方式訴說自己的生命故事。舉例來說，若是帶著排拒型模式，個人敘事往往會不連貫，反映出否定人際關係、情緒以及過去經驗的重要性。不論這種人如何能說善道，若是要他回想家庭以及早期人生經歷，就很難講出一個連貫統整的故事來理解自己的童年經驗。一旦被問到早期的家庭生活，他們可能不願意或不能夠想起童年的特定記憶，尤其是經歷到的情感和人際關係細節。他們也許會堅持說自己媽媽「慈祥關愛」，卻一直無法提出什麼具體記憶來支持這個說法。他們的童年記憶可能會反映出孤立隔絕，在缺乏情感和人際關係的環境裡長大，他們也許還會堅持說「那也無所謂。反正我也不喜歡那種又哭又笑的樣子。」正如同我們之前所說，不能獲取自傳式記憶並且缺乏反省，有部分原因可能是和神經性適應有關：右半腦的自傳式記憶發展減少，身體信號的感覺也下降，造成迴避現象。

或者，與此相反，這人也許會太在意過往的細節，實際上變成迷失在從前的記憶裡。如此正是心神被占據型依附模式的跡象，這人提出混淆錯亂的敘事，把過去發生的事件和最近成年生活的事情搞混在一塊。會叫做心神被占據型，就是因為敘事被人際關係、情緒以及過往經驗占據了。我們可把這看成是右半腦自傳式記憶及身體所發起的情感觸發狀態過度氾濫。帶有心神被占據模式的人難以專注一個課題，很容易淹沒在回憶裡，使得個人故事脫節且混淆錯亂。

最後一項不安全型模式－未解決型依附，這人可能遇過前文所述害怕卻無解的經歷，雙親不是被嚇到就是嚇到人，或兩者皆具。或許可以想見，這類兒時的關係創傷，也往往會干擾孩子長大之後以清晰易懂的方式表達過往經驗。在這種情況下，未解決型依附模式導致這人的敘事變得不連貫，尤其是被問到有關威脅、恐懼、死亡，或是和個人創傷相關的話題時。在講述自己故事的時候，他們可能會迷失在細節裡，甚至意識受到改變，像是進入解離或出神狀態，導致個人生命故事根本破碎不全。

理解過往經驗讓我們得以解放

不管是以排拒型、心神被占據型或未解決型依附模式為出發點，這些人都無法講出一套融貫的個人過往故事——每個人都具有獨特的不統整模式。少了融貫敘事，他們將會難以理解之前經歷到什麼事情，又是如何成為現在這個樣子。若是為人父母，他們在養育孩子的時候，可能會重複自己的照顧者曾經犯下的過錯；他們承繼而來的人際關係模式，使得腦部形成連結的方式不甚理想，卻又再被傳遞下去。

然而，一旦我們鼓起勇氣檢視過往，逐漸養成省思昔日經驗的能力，然後以清晰而統整的方式訴說自己的生命故事，既不逃避過去，也不被它占據心神，就可以開始療癒舊日的傷口。如此一來，大腦得以重建連結，更能讓孩子和我們形成安全依附，而且如此堅實的關係，會變成他們一輩子的韌性本源。

你並不需要為了小時候父母無法陪伴在身旁而受責難，而且此刻你有力量把自己從別人創造的過往解放出來，能夠有此領悟，將會體驗到難以置信的解脫感。

那麼，解放出來之後，從今而後你可以開始為自己的行為負起責任，就是我們臨床醫生講的**能動性**（agency）。正如同某位家長所說：「我不需為了之前發生在我身上的事情受指責。但我**要**為現在做的事負起責任。」事實上，我們會成為現在這個樣子，發展出如此的行為模式，這些都是生存策略的一部分，讓我們能夠適應特定處境。我們尋得生存之道，盡一切可能倖存下來。換句話說，我們一路走來適應環境，尤其還是小孩子的時候，會做出要在自己家裡存活所必需的事情。但是長大成人之後，這些生存策略的模式說不定已經變成牢籠。而且，我們獎賞系統尋求依附的驅力，我們感受並調節自己身體狀態的方法，以及我們取得心智省察了解自己和別人內在精神生活的方式，說不定已深深受到這些策略影響。

但是，我們並不需要困守在此裹足不前；你可以從個人經驗所造成的限制當中解脫出來。依附模式就和人際關係一樣，可以改變，也真的會改變。我們說到要「理解」

我並不是個
糟糕透頂的爛人。
我的大腦如此形成連結
是為了能在自己家裡
好好活下來，
我有能力重建大腦的
連接方式，
改變情況。

自己人生的時候，並不單純只是一項動腦練習，它其實會重新組織我們對於獎賞、身體調節以及內在覺察的認識。賦予意義是一個深度整合的過程，要想了解自己是誰，又是如何成為親密關係當中「我們」的一部分，關鍵就在這兒。研究顯示，若是談到教養，理解自己的一生可讓我們解放出來，成為我們想要當的爸媽。

如果照顧者與孩子的連結方式大幅轉變，孩子自身的依附模式也會有所改變。同樣道理也適用於成年人。成年時若能和安全依附的終身伴侶在一起，可以幫助不安全型依附者與他人的關係朝向更自由、更心神相連的連結模式。我們總是可以做出改變！安全依附可以努力求得，也可以學習得到。有一次丹尼爾臨床上遇到一名九十好幾的人，老先生大幅改變他的人際關係策略、成人依附模式，轉而採用更自由、更關愛的做法，使得他可以陪伴配偶以及整個家庭。他的太太甚至問丹尼爾，是不是給她老公做了「大腦移植」。

簡而言之，我們不需要讓過去經驗掌控自己現在過生活、教養下一代的方式。我們可以改變敘事，藉此扭轉孩子及孫子的未來。

事實上，研究結果顯示，即使父母較晚才得以創造融貫敘事獲得安全感，依然能夠有效地教養小孩，就跟童年比較美好且夠幸運得到「持續性安全依附」的那些人一樣。

多年來，丹尼爾都是用一個相當有用的譬喻，說明如何面對個人過往。如果創傷像是被狗咬，可想而知人自然的衝動就是要逃離。因此，要是狗咬你的手，你又把手抽開，狗會更用力把牙齒咬進去，你的掙扎會把咬破的傷口弄得更糟。如果反其道而行，將手往狗的喉嚨深處塞進去，牠會嗆到，而且會鬆口不再咬住你的手，把傷害減到最小，治癒的成效最佳。創傷就是那麼一回事。我們出於天性會逃避，不去反思創傷，不想被痛苦的記憶淹沒，或者覺得：「反正都過去了，留戀沒法改變的事情又有什麼用？」但事實上，若是配合敘事反思，記憶提取也可以是記憶修正。藉著理解個人生命的過程，未解決的失落或創傷可被療癒，而由此顯現的融貫敘事可以幫助我們變得更強壯，有些人把它叫做「創傷後的成長」。沒人逼你必須造成失落、虐待或忽略；可是一旦發生上述情事，鼓起勇氣，運用心智與親密關係的力量，集中精神直面失落和創傷，將會成為你給自己的一份大禮。「生命中的一切都值得學習」是一項強大的策略，生命道路上免不了會遭遇難以預期的挑戰，我們可以學著如何面對，努力求生，將挑戰視為成長的機會。如今關係世界已是大有裨益的人際互動，以此為助力，從內在力量出發，你將可治癒傷口，增強你的陪伴和愛。

反思過往，並且學著講述你如何理解父親和他的排拒型依附模式，對某些人來說這個過程相對簡單。譬如說，你可以檢視他的個人史，曉得他生於貧困，而且雙親長時間投入工作，情感上不能陪伴在他身旁。也許，在他難過苦惱的時候，祖父母的回應是說：「別叫了，你還算幸運的呢。」因此，他可能帶有迴避型依附模式，導致對自己孩子採取了拒排型教養方式。和他人建立關係的時候，他可能大多是左腦主導，錯失對方的非口語信號，而且和親近的人能分享的自傳式自我感相當有限，甚或對他自己也是一樣。這個新的覺察會讓你對父親心生同情，你可以這麼說：「他真是個令我失望的父親，但我曉得原因何在。他自己的爸媽從來不曾教他情緒技巧，也沒給他情緒資源。難怪他不曉得要怎麼用更深入也更有意義的方式陪伴我。那真是讓我難過，我時常覺得孤單，而且我想要確保自己和孩子的關係能夠親密、心神相連，讓他們曉得可以找我尋求撫慰。我想要感受孩子的心，即使在我小的時候並沒有那種機會。」

對其他人來說，這個過程會更加複雜，甚至有的時候相當痛苦。在這期間，若能得到一些幫忙，也許可以有所助益。舉例來說，心理治療往往能成為一個力量強大的工具，幫助我們理解個人的生命故事。事實上，治療關係可模擬安全依附關係，當你開始去理解、統整父母的生命故事，讓你能夠感受到安全、被看到、得到安慰與安穩，甚至可以幫你對他們的經歷生出同理心，諒解為何他們無法成為你所需要的那類父母。最重要的在於，治療有助於統整你的大腦，因它整合過去和現在，讓你採用現在和將來能建立安全依附的方法和孩子溝通，並且與孩子同在。

我們全都需要逐步完善一套融貫敘事，以「講述」我們的童年——往往不是講給孩子聽，而是講給自己或其他親近的成年人聽。反思我們和父母、和影響我們成長的其他照顧者相處的經驗，這樣的過程相當重要；必須採取什麼方式處理從前所經歷或錯失的東西，也同樣至關重大。

切記，即使小時候不曾享受過帶著關愛之情的互動關係，我們全都擁有一股尋求與他人連結的驅力。雖然往往不被察覺，我們可以感覺到缺少親密的心神相連，而且我們需要理解生命中少了那樣東西的痛苦。因為缺少融貫敘事，我們很可能會重蹈父母的覆轍，把他們從自己照顧者那裡承繼的痛苦又再傳遞下去。

只要我們理解自身經驗，並且努力設法理解父母曾經受過的傷害，就可以打斷這個循環，避免把接收而來的不安全型依附往下傳遞。你也許會想，怎麼沒有提到原諒呢？關於這個重要的過程，我有位同事兼好友傑克・康菲爾德（Jack Kornfield）提出一個很棒的想法：原諒就是放棄能擁有更好過往的一切希望。按照這個說法，我們原諒不是要縱容，不是要說沒事，而是要放掉我們能夠改變過往的虛假幻象。因理解自己生命而產生的接納和原諒，是深層的解脫。從許多方面來說，我們都必須有所適應，為此終究要原諒自己，而且不僅要接納以前的自己，更要接納現在想成就的自己。

這過程從來就不容易，不論是喜樂還是痛苦，都要理解自己童年的生命故事，但是當你進行這項重大工作的時候，只需想到這是給孩子的一份大禮。當你得到關於自己過往的融貫敘事，就能夠成為你想要做的那種父母，而且你可以傳給孩子一個安全依附關係，讓他們覺得以堅實而有意義的方式和你連結在一起。接下來，猜猜看還有誰能收到這份禮物？沒錯，是你的孫輩受益。然後是曾孫輩。做好自己的個人內在工作，掙取安全依附，你就打斷了不安全型依附的循環，改善在你之後世世代代子孫的生命。

以上就是我們誠心要傳達給各位的重大訊息，接下來的幾個章節，將會特別詳加解釋陪伴孩子究竟是什麼意思。不管你所受的養育情況，不論你過去遇上什麼事，你都可以做你想要做的那種慈愛、敏感的父母，成為能陪伴孩子的人，並且教養出快樂、成功、完全做自己的孩子。

下一章開始，我們會詳細談到如何培養出剛剛講的那種親子關係。與此同時，會讓各位有機會思索自己的依附史，並且探討它對於你的親子互動產生什麼作用。

CHAPTER

3

不只是安全盔與護膝

讓孩子有安全感

前一章，我們談的是應該更全面了解個人史，還提到你和孩子的互動方式會因此受到重大影響。現在先回顧一下「安定四要素」：要讓孩子覺得安全、被看到、得到安慰與安穩，還要深入了解何謂真正陪伴孩子。我們要為孩子做到的頭一件大事，就是確保他們安全。因此，安全是第一個要素。

照顧者的任務是要保護孩子的安全，你也許覺得這是明擺著的事，沒什麼好說的，我們接觸過不同地區的家長之後，才曉得許多照顧者並不曾真正想過「確保孩子安全」是什麼意思，就連那些處處留心的父母，也都沒仔細想過。本章所講的內容，有些可能會出乎你原本預料，有些甚至會讓你覺得不舒服。接下來我們描述的幾種狀況，如果和你沾不上邊，或是看來並不相干，那真是太棒了。但是根據我們做父母和當開業醫師的經驗，我們知道很多照顧者，甚至是大多數的人，都會因為說過的話或做過的事而讓孩子感到害怕。當孩子害怕或是覺得受威脅，就不會覺得安全，這點我們很快就會解釋。一旦他們的身體和腦部啟動了威脅反應，那樣的感覺就和安全背道而馳。因此，當你閱讀本章時，務必保持開放心態，看看這些狀況是否可以套用在你孩子身上。研究指出，在小孩的生命裡，造成恐懼狀態的虐待、忽視，以及其他負面經驗，要比大部分人以為的還要常見。這就表示，即使你對自己教養孩子的方法有信心，但是，你的生活裡很可能出現那些曾經遭遇、或即將遇到失去安全基礎的人，像是某個伴侶、家庭成員或照顧者。

首先，讓我們釐清幾個用詞。談到要讓孩子覺得安全，說的是人身安全，同時也是情感以及關係的安全。以下舉個國小五年級小朋友為例。凱特琳生得聰明又健康，爸爸媽媽還維持婚姻關係，雖然家裡不是很有錢，豐衣足食不用愁，而且有一處乾淨、可靠又看似穩定的地方容身，沒有什麼顯而易見的威脅可傷害到她。換句話說，她真是安全得不得了——至少外人看來如此。

然而，一把家門關上，她的世界截然不同，尤其是爸爸克雷格在家的時候。他像暴風一樣橫掃她的生活，經常當面指責還大發雷霆，甚至凱特琳沒做錯什麼事，也會對著她大吼大叫。小小的違反規矩，像是運動衫丟在客廳、吃過飯忘了把餐具放入水槽，保證會引來一頓臭罵，怒氣爆發。甚至是不小心在爸爸週末下午看球賽的時間自己哼起歌來，都要面對暴跳如雷的情緒發作，還有別的時候，她看著爸爸對小弟吼叫，即使旁觀也會飽受驚嚇。有的時候，他的心情特別差，就會挑剔凱特琳的長相，嫌她衣服不好看，甚至對身材胖瘦也有意見。

透過以上情境描述，我們可以清楚看出所謂的安全不只一種。雖然凱特琳的基本生理需求獲得照顧，若是考量從爸爸那裡獲得的情感照顧，她根本不曾感到安全。她甚至在自己家裡也不能放鬆。顯而易見，這個小孩在情感層次上並不安全。事實上，甚至連她表達個人感受都不安全。如果她以哭泣來回應父親的憤怒或指責，就會被嗤之以鼻，被大聲嚷著說：「幹嘛臉皮這麼薄？又不是小嬰兒。」或者爸爸會責怪她的情緒反應，跟她講說：「妳總有一天得要堅強起來吧。」

幸好，有一個人可給凱特琳支持鼓勵：那就是媽媽珍妮佛。倒不是說克雷格出言貶損凱特琳，她總是能為女兒挺身而出，但她確實能夠持續地支持和鼓勵，讓女兒有一處避風港可遠離爸爸的情緒風暴。因此，儘管凱特琳經歷過恐懼，還是能夠逐步培養出一定程度的韌性。實際上，生活的各方面她都設法做到大致安好：她熱愛學校和同學，而且很喜歡目前從事的各項活動。然而，父親帶來的負面、羞辱經驗，不免會打擊她的總體韌性，並且影響到神經系統回應壓力和衝突的方式，不論是現在還是未來，她回應挑戰時容易出現一些弱點。大部分時間是媽媽和她一起度過，能和這位照顧者建立主要的安全依附，某個程度來說會平衡那些不利的影響。反過來說，如果克雷格是主要照顧者，兩人的互動紊亂失序，凱特琳的發展就可能受到更嚴重影響。

世界各地的爸媽都擔心伴侶的教養方式：「我恨透老公對孩子們講話的方式，還有他認為我在寵孩子。」或是「我老婆根本就不懂什麼叫做培育下一代，她比較像是在當教育班長。」我們也經常聽到家長擔憂共同監護人會嚇壞孩子，怒吼、尖叫、沒耐心，甚至還會對孩子動粗。能夠有**一位**照顧者提供心理上的和實際的陪伴，對兒童來說有多麼重要，我們整本書都會進一步闡述這個理念。凱特琳和父母一起經歷過風風雨雨，三個人之間不同的家庭動力，充分展現出「安全」這個概念在人際關係裡的真實含義。

安全：不受到威脅

根據安全依附的觀點，怎樣才算「安全」？首先是基本生存，和照顧孩子的生理需求：食物、遮風蔽雨的地方，並且受到保護。安全亦指總體的健康狀況。我們會試著節制速食，鼓勵他們多吃蔬菜，確認他們有塗防曬霜，還要刷牙。同樣重要的，我們保護孩子的身心不會受傷——這些傷害可能來自其他人，甚至是來自父母。

孩子曉得，確保他們安全無虞是我們的工作。這個期待已深深編寫在他們的大腦裡面。一個安全依附關係裡若是出現威脅，孩子出於本能會去找爸爸媽媽。他們的遺傳基因，以及透過這些基因塑造而成的大腦，已經過幾百萬年的演化，發展出深刻、持久且自動化的堅定信念，認為照顧者的工作就是要確保他們安全無虞。因此一旦面臨威脅，大腦發出信號要小孩去找爸媽，或其他依附對象——馬上就去。大腦全部的注意力，身體全部的資源，都先去求生存、找安全。

哺乳類長期的演化過程當中，一直都是這個樣子。叢林的黑猩猩只要聽到有什麼風吹草動心生恐慌，或見到獵食者，本能的反應就是立即跑去找依附對象。依附對象會保護牠：將牠一把抱起逃走，或站在小黑猩猩和危險之間為牠奮戰。等到威脅過去，或危險情況原來只不過是掉落的枯枝，照顧者發信號給孩子：「我就在你身邊。沒事的。你很安全。」

安全就是不受到威脅

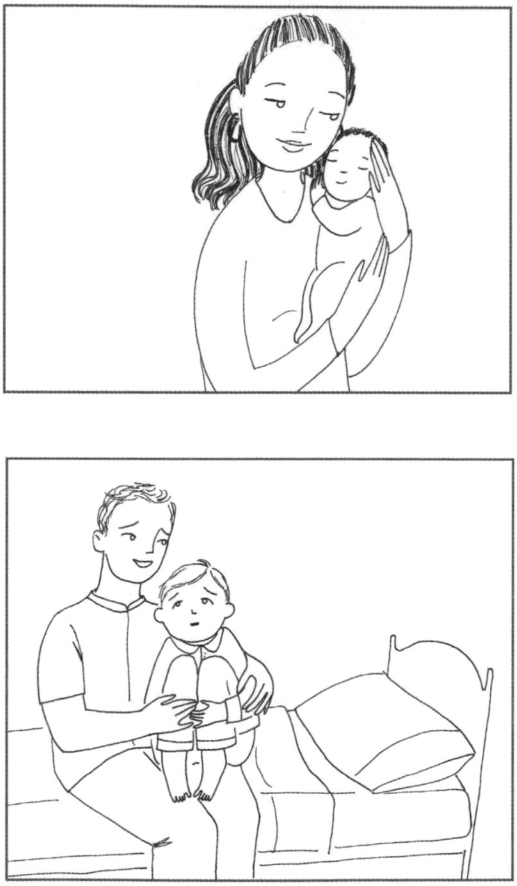

所以，安全就是不受到威脅，也是邁向強韌依附的第一步：照顧者幫助那名小孩安全無虞，也就因而感到安全。

這樣的安全感是出自神經系統對安全的生理經驗，由此生成深刻的信任狀態，在面對挑戰時得以擁有最理想的開展和韌性。一切的起始，來自從照顧者傳遞的穩定訊息：**我在這陪著你。我會保護你。我就是提供撫育的巢，是你能夠指望依靠提供保護的**

家，當你害怕或遇到危險時，我總是會在這裡。相信這點。我會保護你並確保你安全無虞。

孩子若是有風險或是遇上難關，父母會提供保護。孩子愈是曉得他們可以指望安全無虞，親子的依附關係愈是可以變得更加穩固。安全是依附體驗的核心面向，讓孩子覺得與人連結而且受到保護。

不安全 VS. 安全

覺得在這世界上不安全的小孩

覺得在這世界上安全的小孩

不幸的是，並非所有父母都能提供這類安全。想想看，孩子對於安全和不安全的世界，他的看法會有多大差別。

安全與否，嚴重影響我們和周遭環境互動的方式——從人生最初階段就已經開始。大腦的調節迴路，大部分是在出生後的最初三年之內形成。然後，隨著孩子成長，前額葉皮質從兒童期一直到青春期逐步成熟，這個發展跟他是否覺得安全很有關係。

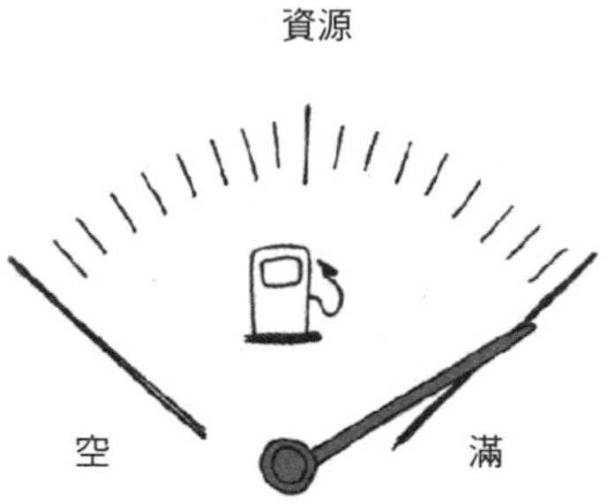

孩子感到安全，就能重新添補他們的內在資源。

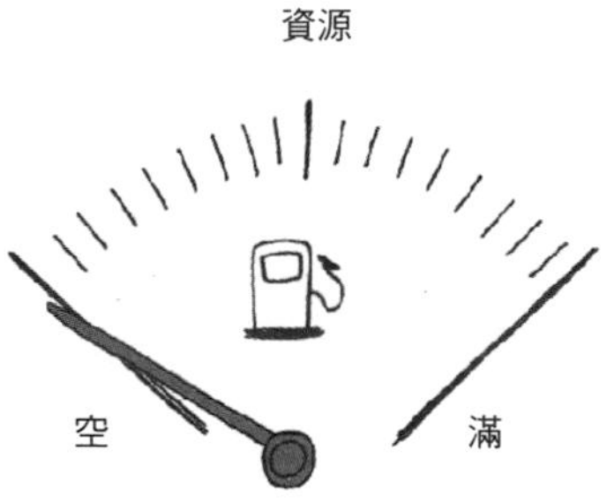

如果孩子不能感到安全，這些資源就被耗盡。

否則，他必須高度警戒且處於焦慮的狀態，並試圖保持安全——全都得靠自己。他必須耗費大量資源，掃視環境，或甚至是照顧者的臉孔，提防逐步接近的威脅。另一方面，如果照顧者已能適切保護他，那麼孩子就會曉得：在他陷入困境的時候，會得到安全防護及協助。

這種在世界上的總體安全感，影響深遠。相對於擔心害怕必須獨自面對威脅，若是孩子覺得安全無虞，就可將注意力集中在能建立腦部連結、更有生產性的活動。他可以花更多時間和資源，發展社交技巧和社交網絡，追求夢想發揮才能，學習解決問題以及情緒調節，並帶著好奇心去探索世界。威脅讓孩子的大腦落入求生存的反應狀態，而安全則讓孩子的大腦處在接受狀態，積極地投入學習，達成最佳發展。

因此我們要為孩子加滿「油箱」，協助他們了解，不管是身體上或情感上，自己在這世界都安全無虞。外界的確有危險，但他們能夠克服挑戰，愈挫愈勇。這就是韌性。因此，凱特琳的母親能夠在她生命中發揮正面作用，父親經常爆怒以及貶損的評語所造成的傷害，可獲得一些緩解。我們是否能夠好好陪伴孩子（或無法陪伴），會造成一系列相關後果。一旦孩子曉得我們會在身邊，就可以享有安全及信任的感覺，減少壓力，並創造出擁有內在安穩感的條件。給孩子安全，也就提出一條路徑直通內在的幸福感。

提供安全：父母的兩大任務

要確保孩子安全，而且要讓他們覺得安全，父母有兩大任務。其一是保護他們不受傷害，其二是避免成為恐懼和威脅的**源頭**。且讓我們看看，哪幾種作為可能無法保護孩子，會讓他們期待落空。

最極端的例子，父母為孩子帶來創傷。創傷可以定義為威脅到我們實際生存的經驗，或是會打亂我們的意義感——也就是我們理解人生的方式。像是醉醺醺回到家沒法做事的家長，就算他沒有攻擊小孩，也可能會在孩子心中造成一次創傷事件，因為小孩子無法理解父母這種新出現、令人不安、甚至是嚇人的行為。虐待和忽略是最為明顯的例子，如果持續，則會威脅到孩子身體的完整性，如果不加干預，會導致孩子一輩子的障礙，他的生理、發展、對依附與家庭人際關係的看法，都會受到重大影響。簡單來說，孩子面對重大危險會觸發威脅反應，以及戰鬥－逃跑－僵住－昏厥反應，而且當父母親就是恐懼源頭的時候，就成了依附的關鍵課題。當這些危險重複出現，如果孩子不能得到另一位照顧者保護，一再重現的經驗，可能導致前一章講過的紊亂型依附。紊亂型依附導致多樣令人困擾的後果，包括：支離破碎的自我感，難以調節情緒，親密關係遇上麻煩，面對挑戰和壓力源出現意識解離或中斷，在壓力下清晰思考成了問題。極端的發展性創傷所造成的紊亂型依附會讓人失能，即使擁有其他形式的安全也一樣。

即便父母適切監督、並且可靠地保護孩子，也可能發生不是由父母造成的創傷事件。很不幸，這世上有些本應讓孩子信任的大孩子、青少年或成年人，對孩童施加虐待。如果有這種可能，就要對孩子會遇到的情況深思熟慮、預做準備，並且留意孩子任何行為變化，那些跡象會指出，在你無法顧及之處發生了憾事。研究人員建議，作為一名值得信賴的依附對象，若是發生和依附對象無關的創傷事件，你就是那不可或缺的家庭堡壘。重要的是：如果孩子真的遇到什麼創傷事件，有專業人士可以協助他處理創傷，並能介入提供支持。

在此介紹「兒童期負面經驗」（Adverse Childhood Experiences，以下簡稱ACE）研究，來了解兒時創傷的衝擊會有多大。這是由美國疾病管制中心與凱薩醫療集團（Kaiser Permanente）持續合作進行的計畫，從一九九四年開始，超過一萬五千名成年人接受面談，討論各種童年負面經驗，得到的結果叫人警覺又心碎；研究人員發現，重大的兒童期壓力源普遍存在，而且眾所熟知的風險因子，像是抽菸、酗酒、肥胖和死亡原因前幾名的疾病，與童年創傷及其他負面經驗高度相關。

研究人員詢問受訪者，是否遇過兒童成長期間常見的十項ACE：

＊虐待：情感上

* 虐待：身體上
* 虐待：性方面
* 忽略：情感上
* 忽略：身體上
* 家庭功能失調：家庭暴力
* 家庭功能失調：物質濫用
* 家庭功能失調：心理疾病
* 家庭功能失調：雙親分居／離婚
* 家庭功能失調：親戚入監

這十個項目，當然不能涵蓋兒童會面臨到的不當經驗。舉例來說，項目中並沒有包括：雙親之一罹患慢性疾病，成長於暴力社區，目睹暴力發生，在不健康的寄養家庭虛耗光陰，或者遇到父母或手足過世，以上僅列舉一小部分。無論如何，關於這十個項目的研究成果依然相當可觀。研究人員發現這十項ACE不僅普遍常見，而且彼此高度相關。如果你有一項ACE，很可能會有其他項。此外，研究顯示，**若沒有介入改善**，ACE累加起來會導致終其一生的負面效應。

一個人的ACE分數，就是他遭遇過的個別ACE數量加總。分數為零，表示無各分項的情事發生。如果有項目回報，例如，身體虐待、情感忽略以及置身家庭暴力，就會得到 ACE 分數為三。

這個分數透露了，研究人員已提出的「兒時壓力源累積生物作用」。通俗的說法來講，就是一個人的分數和腦部以及身體的運作功能習習相關。在社交、情感及認知發展上的負面影響，都可追溯到較高的 ACE 分數，健康風險、失能、疾病甚至是早期死亡，也一樣可以歸咎於此。兒童遭受多重負面經驗的時候，這些逆境並非只是生命中幾個難熬的時刻。ACE 會干擾神經發展，並且對兒童的總體健康、與其他人建立關係的能力、應付逆境的能力、總體生活品質，甚至他們的預期壽命，產生一輩子的影響。ACE 分數愈高，他們的生命面臨的挑戰愈大，也對他們的發展有較多的衝擊。

再次強調，該研究檢驗的是總體影響，並沒有考量受到專業照顧以及雙親支持的兒童，是否能學會克服負面經驗，又是採取什麼方式克服。如果你想了解要怎麼做才能協助兒時遭逢大量逆境的人，建議可以讀一讀娜汀・哈里斯（Nadine Burke Harris）寫的《深井效應》（*The Deepest Well*）。該書讓讀者了解到，即使是巨大創傷，依然有機會加以克服。因此，我們當然應該設法避免創傷，但依然有充分理由保持高度樂觀，藉由外部介入，改善這些負面影響。

這項研究的主要結論指出，我們應該更了解 ACE，才能協助解決並預防社會所面臨的若干最糟的健康及社會問題。此外，教育人員、兒童照顧工作者、健康照護人員及其他專業人士必須具備創傷相關知識，才能了解創傷對行為、調節和學習的影響；若不具備創傷相關知識，不僅無法理解這個狀況，在面對創傷導致的行為和反應時，也可能無法妥善回應，讓當事人更恐懼，造成更多傷害。

回到本書主題，做父母的就是要儘可能避免發生 ACE 狀況，那就是所謂的安全。再強調一次，ACE 研究結果提出明證，但是研究並未包括接受治療介入的人，也沒有探討**正向**童年經驗。所以與其感到絕望，反倒應該受到這些研究發現激勵，努力減少逆境。

你可以看得出來，要是父母不能以敏感、合乎預期的關愛陪伴孩子，或者，更糟的話，如果父母實際上成了自己孩子陷入危險、甚至心生恐懼的源頭，將會造成極大危害。當然也別忘了，各種 ACE 僅有少數幾項被歸於虐待分類。兒童受到負面影響的方式千奇百怪，包括並未被納入 ACE 研究清單的其他經驗。

舉例來說，幾年前蒂納臨床上曾經遇過一個家庭，這一家的父母不久前剛離婚，媽媽還酗酒。兒子待在她家而她又在喝酒的話，這時她往往是處於失控狀態，對兒子生氣大叫，在小男孩心中留下各種恐懼。更糟糕的是，如果孩子說自己被嚇到了，要求打電話給爸爸，她不會允許，還變得更讓人害怕。這類恐懼造成之前討論過的生物性矛盾，原應提供保護遠離危險的父母成為危險來源。這個矛盾現象，文獻中被稱為

「無法解消的恐懼」，會造成重大情感損傷，並且產生紊亂型依附模式。

雙親只要濫用藥物，就冒著害孩子陷入危機的風險，不是沒法保護就是主動造成傷害。事實上，每年都有家長開車到校接小孩的時候，明顯受到某種藥物作用影響，許多學校因此必須介入。如果你懷疑自己可能涉及藥物成癮，強烈建議你去找一位專業人士談談，馬上處理這個課題，就算不是為你自己，也是為你的孩子。濫用物質就是照顧者違背做父母的兩項任務：保護小孩，並且避免成為恐懼的源頭。

顯而易見，同樣道理也適用於虐待或是忽略。（事實上，忽略是最常見的兒童創傷類型。）如果上述狀況聽起來相當熟悉，或者你意識到自己（或是別人）正在傷害自己小孩，並且拉高ＡＣＥ分數，請趕快去尋求協助。或許可以先從一名你信賴的朋友開始，然後去找位諮商師、治療師，如果需要的話就請醫生協助。你愛孩子，絕對不想對他們的發展造成負面影響。但是你可能需要找人幫忙保護孩子，不論是防範別人還是防範你自己。當父母虐待或忽略小孩，他們自己往往就有創傷及受虐的經驗，重要的是必須鼓起勇氣開始自我療癒，以便成為能夠作為安全感來源的那種爸媽，而不是帶來恐懼。

如果你仔細想想，完全發展好的上層腦具有一種整體感，有能力深入反思個人心智的運作，也有同理能力可覺察並尊重另一個獨立個體的內心思維。一個統整的腦部狀態，會生成兩大關鍵功能：內觀自省和同理心。如果出現虐待或忽略，就是家長在與他人相處的關係策略出了嚴重差錯，這個策略是他們以前學到的或已經內化的，與同理心和同情心嚴重脫節，內觀自省也會困難重重。

多年來我們幫助過很多人，由內而外的療癒，讓他們能夠得到深切渴望擁有的那種人際關係。情意疏離的親子關係會代代相傳，在協助各個家庭修復裂痕的過程裡，不論對象是成年後的小孩還是家長，我們倆都曾親眼目睹這樣的療癒之旅。

沒能保護孩子的其他作為

就算是沒有虐待和忽略，還有其他形式的ACE會影響到孩子和其發展。舉例來說，有的時候父母會在孩子面前爆發激烈衝突，對著彼此大吼大叫，訴諸語言、情感和肢體上的攻擊。若兒童反覆目睹這類衝突，而且雙親就是令她感到恐懼的源頭，就會妨礙她發展出安全型的依附關係。事實上，最近的研究已發現，如果嬰孩的雙親在她能聽到的範圍內，用極度憤怒的言語表達意見，即使嬰孩正在**睡覺**，其腦部處理感情、壓力反應，以及調節的各部位神經反應還是會增加。從生理學的層次來看，嬰孩感覺到的是威脅而不是安全。這並不表示你和伴侶絕對不可以吵架。衝突無可避免，而且，如果方法正確，甚至是健康又有必要。大人在家裡要注意應對衝突的**方式**，留心雙親的互動可能會對孩子造成什麼影響。父母應保護孩子遠離無禮、嚇人的衝突。

如果你和對方都太生氣，難以用安全、文雅的方式討論手頭的事情，最好等到雙方都夠冷靜再說，或者至少處理過程要遠離孩子。

還有一些經驗，也會讓孩子們無法感到安全。舉例來說，若孩子被迫接觸種種現實，但他們的身心發展尚未準備就緒，就可能會造成傷害。電影、電動遊戲、照片、社交媒體等等，若展示的內容或影像孩子還沒準備好能夠接受，幼小的心靈無法以健

不知不覺當中，父母讓孩子覺得沒那麼安全

目睹嚇人的父母衝突

父母自己變得嚇人

接觸不合適的想法和影像

康的方式處理此等刺激，都可能會傷害到孩子。顯而易見，並不是所有媒體都有害，可是嚇人的圖片、想法和主題等等，會讓孩子難以招架，不適合其發展階段的情色內容也是一樣，會讓孩子感到不安全且不安穩。其他小孩以及哥哥姐姐講的故事，還有他們在學校親眼所見或親身遭受的霸凌，也都是同樣道理。

而且，如果爸媽對著自己小孩羞辱、貶損或吼叫，或採取訴諸恐懼的教養策略，為了規矩或要求順從而刻意嚇唬孩子，也會削弱他們的安全依附。或者，父母會製造充滿緊張和怒氣的情境，譬如已離婚的父母見面，把小孩從一人「換手」交給另一人，造成互動過程充滿不和諧及敵意。若雙親之一對著另一人起反應發脾氣，批評對方，要孩子選邊站，或利用孩子當作大人之間負面訊息的傳聲筒，這些時刻都會造成孩子無法改變或難以逃離的緊張壓力狀態。在這些情況下，父母沒有在孩子最需要的時刻設法建立並強化穩定感，反而可能在不經意之間，漸漸消磨掉孩子感到安定且安全。凱特琳和她爸爸的經驗就是個好例子，看得出來雙親中有一方的行為會動搖孩子的安全感。

這類經驗比人們以為的更常見於許多家庭中。雖然這些壓力源不一定會導致紊亂型依附，仍然會觸發威脅反應，並且產生和安全及安穩完全相反的情況。如果你容許或造成孩子心中的恐懼狀態，而不是成為安全感的來源，那麼你不僅是在傷害自己小孩，更破壞了你想要的那種親子關係。

過度保護非解決之道

有時父母太過擔憂，害怕會有什麼壞事發生在孩子身上，因而用令人窒息的過度保護來處理這份恐懼。小孩能夠應對適度的自由和挑戰。在努力找出答案的同時，忍受一些挫折，並且克服艱困障礙，藉此，他們學到自己**能夠**克服障礙。當他能突破，就會明白自己的本事和能力究竟如何，變得更堅強也更有韌性。

事實上，有時善意會減弱孩子和他所處世界互動的能力。好幾年前，蒂納在工作上遇到一位名叫湯姆的年輕爸爸。他是個單親爸爸，養育三歲女兒艾蜜莉的時候極度小心謹慎且凡事在意。他會去找蒂納是因為艾蜜莉開始出現一些焦慮的現象。她在公共餐廳吃飯時坐立難安，害怕電影院，想到學校體育課的彈翻床就緊張。可是她最害怕的是要去上學了，湯姆正在尋找一家合適的托兒所，打算讓她從秋季班開始入學。

湯姆對蒂納解釋說，他費盡心思要幫艾蜜莉找一間最棒的學校，卻徒勞無功。他每個星期在蒂納的辦公室會面一次，最開始的重點是要了解女兒的焦慮，找出比較好的方法協助艾蜜莉調節感受並且培養技巧，後來他會和蒂納分享自己尋找學校的諸多繁瑣細節。他沒能找到合適的學校，因為每一間都明顯有問題，讓他無法容忍。有一間「化學味道太重」；另一間讓孩子在點心時間吃洋芋片和其他垃圾食物（「這像話嗎?!」）；有一間讓孩子在戶外玩太久，尤其得考慮到艾蜜莉對很多東西會過敏

（「如果她在草地上打滾，整天都會渾身發癢！」）；還有一間學校是玩得不夠多，沒能寓教於樂。

蒂納和湯姆談到女兒要選的學校和其他教養抉擇，愈來愈明白艾蜜莉的恐懼和焦躁並不是首要課題，而是湯姆的焦慮。他只想要給女兒最好的：最健康最乾淨，且最安全最多元的環境。而且，要為孩子挑選一間最適合的學校，依據自己的價值觀和偏好也絕對不算錯。但是湯姆的擔心，傳達給女兒的是爸爸自己的煩躁不安。艾蜜莉因此認為，學校有很多危險，擔憂會發生什麼不好的事情，她也一樣變得過度焦慮。她不是滿懷信心去探索身旁的世界，反倒覺得有必要留在爸爸身邊。湯姆沒有讓女兒得到那種能生出韌性和力量的安全感，反而讓她比較不願意、也比較不能體驗看似對她有威脅的嶄新情境。

事實上，若想幫助孩子覺得沒問題，可以去探索世界、和世界互動，有的時候我們必須要讓他們努力奮鬥，甚至失敗。在孩子還小的時候，這可能表示，當你見到孩子努力要套上鞋子或試圖打開優格瓶蓋時，要在一旁忍住，別出手幫忙。

若能抗拒要去解救孩子的那股衝動，就是表現給孩子看：我們相信他有能力可以成功做好，並且讓他們了解到可以靠自己的力量完成這些任務。如此一來，孩子也會覺得安全而自己努力。要是我們一直插手替孩子做事，就剝奪了孩子培養這些重要能力的機會。

同樣道理也適用在年齡較大的小孩身上。舉例來說，如果你三年級的小孩回到家心情沮喪，因為被一群她想加入一起玩的女孩排擠，你可能會有股衝動，想要打電話給其他女孩的家長，請他們教自己女兒要多些包容性。或者，如果六年級的孩子沒被選上籃球隊，你可能想要打電話給教練，解釋說你們家的小子只是那天測驗的時候手感不順。然而，確保孩子安全並不是那個意思。這是個機會，讓女兒了解到社交關係

別急著出手解救孩子……

孩子努力的時候予以支持

別拯救孩子……

支持孩子的努力

也會不如人意；讓兒子知道有時使盡全力也無法成功。

當然，你要在情感上陪伴孩子，甚至可以協助他們找出問題的解決之道，藉此提供支持。這是產生安全感的重要一步，因為孩子知道你會陪在身旁。可是，那並不表示你要去除或處理孩子遇到的所有問題。反而是，孩子痛苦的時候你陪著一起度過，讓他們了解自己夠堅強，足以應付艱困的情況，而且能夠順利跨越這個歷練。這樣做就能讓孩子覺得安全，可以進行冒險。

這當然不是要叫孩子去做超乎能力的事情，而是完全要看你家小孩的性情和發展階段來決定，還有當時他可以處理多少的壓力，或承受多大的改變。八歲小孩第一次在外過夜嚇壞了，可能在半夜需要請家長來帶他回家，也許這個時候不適合放他獨自面對。同樣地，要是孩子和老師不對盤，說不定某些時刻你需要插手替孩子發聲。孩

有時孩子的情感能力大過情境要求

有時情境要求大過孩子的能力

子有時需要推一把，讓他們突破自認的能力；然而，有些時候他們需要防護墊，這時家長要插手協助，因為孩子還不能靠一己之力應付。

孩子的處理能力可能時好時壞，就像一般人也不是永遠都能夠妥善應對某個情境。想想看自己的耐心，有些日子、有些時刻容忍度高，其他時刻容忍度低。孩子也適用同樣道理。某些情況下，他們可以應付重大挑戰，可是別的時候，即使只是小障礙也只能勉強應對。如果某個情況的要求超過孩子能耐，他可能會被擊潰、適應不良，或用不恰當的方式處理。有時孩子的能耐比較高，就可以風光戰勝。

安全和救援，兩個概念截然不同。找出安全的方法，讓孩子能奮力拚搏面臨的挑戰，甚至失敗也無妨。夏令營就是個好例子。蒂納有三個男孩，多年以來他們都會到奇帕瓦營區度暑假，這是一個專為男孩設計的戶外探險營隊，設於明尼蘇達州的諾思伍德。她對這個營隊體驗有很大的信心，原因之一是，主辦單位盡力提供充裕的支持、鼓勵和樂趣，讓孩子有機會奮鬥、失敗，並且面對平日生活遇不到的挑戰。要進入青春期的時候，孩子會想去測試自己的侷限何在。在營隊裡，有負責任的大人小心緊盯著，孩子們可在大自然裡盡情冒險（而且不是去開車亂闖或聚在一起嗑藥），在正向、有益的環境中證明自己，增進熟練度與成就感。也就是說，回到家裡，孩子們比較不會去找更危險、更具破壞力的方式測試自己的本領。

但請記得每個小孩對風險的忍受度天差地遠，為之拚博的能力或意願程度也不一樣。有些孩子喜歡一股腦兒往前衝，甚至以挑戰困難或新任務為樂。另一些孩子會對風險反感，要冒險碰運氣或面對未知，都會讓他們很不舒服。針對每個情境，決定什麼做法對你獨特的孩子最為有利，可確保他們安全，同時也讓他們成長，了解他們可以做到什麼程度，而且超越他們之前所能想像。

Do IT

爸媽可以這樣做

增加孩子的安全感

策略1 先求沒有傷害

想增進孩子心中的安全感，第一種策略相當簡單，雖然不是那麼容易時時辦到：承諾你不會為孩子帶來恐懼。父母表達威脅的方式多不勝數，而且有很多不會被認為是虐待。吼叫、脅迫、羞辱、甩巴掌、過度反應，甚至是某種特別的表情，都會在孩子心中製造恐懼。當你心情不好的時候，也許從來不曾想過採用這一類表達方式是否恰當。但是讀過本章之後，你應該會多考慮一下，自己發脾氣或感到挫折時，孩子會如何感受。

譬如說，你們家的三歲幼兒開始經常會出手打你。他在學校大致還算穩定，可是對你變得愈來愈有攻擊性，有時是在跟他說不可以的時候，有時看似毫無理由可言。你對疼痛的生理及情緒反應當然是馬上發飆，這也能夠理解。你想要保持平心靜氣、耐心呵護，但是被打到實在是很痛，更別提兒子不聽從你停止打人的要求，引發的灰心喪氣。

為人父母，就是會遇上這種生氣又挫折的時刻。就我們所知，並沒有什麼方法可以避免，而且也不應該逃避。情緒本身是好的，甚至是健康的。但是，如果不小心的話，我們**處理**情緒的方式會構成威脅。

我們必須留意，當神經系統進入所謂過度警覺狀態，生出的這些情緒，我們會如何因應。當我們自己情緒失控，就難以提供「安定四要素」。因為在那種時候，神經系統的任務是要保護**我們**，它要不是調高反應以便戰鬥、逃跑，要不然就是完全關機不反應。此時出現的不是「安定四要素」，反而是「求生四反應」搶得優先，身體準備好要戰鬥、逃跑、僵住或昏厥。而這些反應並不能協助你的孩子覺得安全。

所以，此時的重點，反而是身為家長的我們應該小心注意。

當一個早上被三歲小子打了三次，大腿隱隱作痛，這時身體會發出各種訊號，告訴你說你就快要發飆了。你的牙關緊閉，肌肉緊繃，眼睛張大，對這些感覺你並不陌生。

在這樣情緒高張的情況之中，告訴自己要冷靜，恐怕沒什麼效果。你可能聽過另一個方法是心中默數到十，這或許有用，也可能無效。這些都是上層腦發起的技巧，對某些人的確有用。不過，對大多數人來說，要想藉助這種「由上而下」的方式重返平靜心情，根本起不了作用，因為情緒是由身體以及下層腦發動。

因此，很多人在即將失控的時候，採取「從下往上」的方式來轉換情緒。舉例來說，他們會深呼吸，讓吐氣比吸氣時間更長；或者檢查自己的姿勢，留意緊張的情緒狀態已經造成四肢僵硬。有些人發現，一手放胸前另一手放腹部，然後停住不動一陣子，就可以平靜下來。關於這類技巧，已有很多專書討論。重點在於：當你注意到自己下層腦及神經系統受到刺激，要找到方法照料自己的情緒，並且將上層腦帶回平衡狀態，這樣你才不會被孩子視為威脅。

你不可能保護孩子免除一切可能的危險。你可以盡力確保孩子的安全，但他們一定會經歷到恐懼和痛苦。你要做的是避免自己成為恐懼和痛苦的源頭。

策略2 修補，修補，再修補！

你努力要做到沒有傷害，有時還是可能做出自己都不喜歡的舉措。世上沒有所謂的完美父母，和孩子相處、管教他們的時候，一定會犯下許多錯誤——每個人都一樣。本章已討論過，某些經驗會對孩子有害，希望你仔細思考如何在孩子

很抱歉我大吼大叫
把妳嚇到了。我的脾氣失去
控制，但願我能用不一樣的
方式處理。我正在努力，
我會試著做得更好。

的世界和他們心中創造更強的安全感。我們也希望你想一想自己也許已經嚇到孩子的那些時刻，是用怎樣的說話音量和語氣、遣詞用字、可怕嚇人的表情，或肢體動作過分粗暴。只要我們的大腦進入反應狀態，特別是會造成孩子心中恐懼的時候，就應該盡快修補親子關係。

我們的第二項建議如下：即使你是從一個受到威脅的腦部狀態對孩子做出反應，依然有辦法可以修補親子關係的缺口。這麼做，你可以提供孩子有價值的經驗——即使你並不是完全照著自己想要的方式行動。

我們說的是那些大家都會犯的過錯，並不是虐待或忽略。你在那個當下「氣炸了」，完全受反應性驅使，以致與你自身包容、統整的「上層腦」失去連繫。在那個時刻，你可能會說出什麼奇怪的話，而且用根本不需要的音量大叫道：「那好啊！下次有誰抱怨上車要坐在這裡那裡的，下星期我就叫他去睡在後座！」或者可能像是九歲的女兒，因為你要她練鋼琴而一路板著臉去學校，臨別時你說的是：「祝妳今天順利啊，把我好好的整個早上都毀了！」

這類例子相當常見，我們大可誠實面對，這樣就能認出相關狀況，並且學習減少它們在親子關係裡出現的頻率與強度。我們心煩意亂的時候會大發脾氣，有時根本連自己都沒發現。一旦感覺受到威脅，很快就會生成這種戰鬥－逃跑－僵住－昏厥的反應狀態。我們對於自己、對於孩子現況開放且包容的感知能力，會被這種「沒大腦」的狀態關閉。而且諷刺的是，一旦大發雷霆，就會加強孩子一開始激起我們反應的那個起因。若沒了上層腦反思帶來的助益，就會持續以這個反應性、「沒大腦」的狀態來管教，根本沒有意識到需修補——先是修補你的內心，接下來要修補親子關係。

這些大發雷霆的教養時刻，若是得到修補，未必會構成孩子無法跨越的壞事。減少發生的頻率和強度是基本，足以信賴的修補則是關鍵。事實上，即使是你犯了錯，也可以用來建立孩子的安全感，強化親子彼此的連結。

要怎麼做呢？父母這些不甚完美的反應，讓孩子有機會應付困難情境，也就可以培養出新的技巧——譬如學著控制自己，即使爸媽沒法好好控制情緒。接著，孩子會見到你在事後回過頭來道歉並且修補和好。他們也會學著包容人際關係裡的分歧，之後進行修補。只要你在事後採取步驟重建關係，當下在現場做出有效回應，就能放過自己別那麼緊張，知道儘管希望當時採取了不同做法，但這番經歷對孩子仍有其價值。

如果你對親子關係造成重大傷害，不能保護孩子，或者驚嚇或傷害到孩子，那麼這樣的經驗顯然對你、對孩子都不具任何價值。事實上，在這些情況下，真正重要的是去尋求你和孩子所需的協助，改變家裡的情況，讓親子雙方都能治癒這些傷口。不過，如果你只是沒有把場面處理妥當，就像大多數父母那樣，那麼你可利用這個時候，在你和孩子的關係裡加入有教育性、有意義的成分。衝突過後修補關係裂痕的步驟至關重大。事情搞砸了，要提醒自己：你和孩子的關係才是最重要的，若有破裂務必修復。

有必要的話就道歉，一起握手言歡。孩子能愈快了解彼此之間已經回復常軌，親子的關係愈能開始再度成長深化，而且孩子可以愈快覺得安全，曉得強烈的情緒表達不會破壞長期的關係。修補的動作可傳達給孩子以下訊息：「我們之間也許會出現衝突，可是我依然愛你不變。我會一直在這陪著你。不管是什麼時候，不管發生什麼事情。」

策略3 讓孩子覺得受到保護

最後一個策略，是為孩子營造出「獲得避風港保護」的感覺。即使你會犯錯，而且有的時候還會過度反應，依然能為孩子在家裡創造出安全又幸福的環境。

這麼想好了，當一艘船要啟程出海之前，必須鞏固船體，繫緊船帆，裝滿補給品，才適合航行。這些準備工作要在一處安全的避風港內進行，保護它未來於汪洋大海上的航程，不會遭受暴風雨危害。港灣的封閉特性，可以確保這艘船安全無虞，不被外界殘害。

我們的教養難免偶爾會卡關，在孩子心中造成恐懼和混亂，但你可以教導孩子，透過開誠布公的對話，進行親密

做一處避風港讓孩子能夠跑去躲避危難

且內省的溝通表達，就能度過關係的風暴。進行反省深思的對話，承認有恐懼或混淆錯亂之類的不舒服，就教會孩子知道：你就是那一處避風港，他們可以一次又一次返回，重整旗鼓，恢復平靜清澈的心，再次出港航向世界。你就代表了那份安全。

當你選擇如何回應孩子所經歷的某個狀態時，請務必讓孩子覺得處於避風港。要是你無法擺脫痛苦煩惱，孩子無法向你尋求接下來會討論到的另兩個安定要素（也就是得到安慰或被看見），她將很難培養出安穩有保障的整體依附狀態。父母成為避風港，意味著：當孩子覺得害怕，不管起因是來自外部世界，還是你無意間的嚇人舉動，都要啟動保護模式陪伴孩子。如果你就是造成破壞的元凶，修補至關重要。藉由這第三個策略築起一處避風港，採取反覆且可靠的溝通方式，基本上是要告訴他：「不管是什麼原因讓你痛苦或害怕，相信我可以給你一處避風港，保護你不受可怕的生命風暴侵害。」

給爸媽的融貫敘事練習

你在成長中獲得安全感嗎？

每一章的結尾，我們想讓各位讀者有機會運用剛才讀過的內容，不僅是針對孩子與親子關係，也可以應用在自己身上。促進健康的親子依附關係固然重要，但正如前一章所說，反思我們和自己照顧者的關係，同樣基本而不可或缺。

看過本書前幾章，想到自己能夠從父母或照顧者那兒得到安全型的依附關係，你應該會心生感激，要陪伴孩子讓他覺得安全，也容易得多，甚至是自然而然的事。

但是，如果你在童年沒能獲得安全依附；你的照顧者就是恐懼源頭，或者在你感到害怕的時候不能保護你，也許你已經逐漸適應那樣的艱困處境。那麼，說不定你思考過、同時也能理解，自己想要提供給孩子安全依附經驗會是如此困難。

你不但需要花時間思考自己和孩子的相處經驗、對孩子的要求期待，以及本書所提的相關科學與原理，還要反思自己童年和照顧者交流的經驗。如此一來，你會更加明白自己現在的立場，成為更好的父母，能夠提供孩子安全和安穩，讓他們準備充分走出家門面對世界。

讓我們回過頭去看上一章的依附分類，想想看你和自己父母相處的經驗，特別要以安全感為考量依據。你和父母的關係，是否比較像是迴避型依附，從而導致成年後的排拒型策略？若是如此，可能你並不覺得受到鼓勵要尋求協助或分享個人感受，而且還可能學會隱藏起來，甚至不讓自己知道。或者，如果你和父母的依附關係更像是所謂的矛盾型，導致心神被占據的成年依附策略，那麼你大概沒法擁有情感上及關係上可靠的連結與安撫，有的時候你的反應甚至會突兀且令人費解。你必須時時注意和他人的連結，不能確定在這關係裡你的需求何時能夠被滿足。或者，你和父母的依附經驗是紊亂型。那麼，即使是最根本的人際關係互動，有的時候也可能讓你摸不著頭緒，心中充滿無法解決的恐懼感。這絕對是違反了最根本的安全需求。

以下列舉幾個問題，可協助各位讀者進一步釐清那些經驗，更清楚在你為人父母後，它們可能會怎麼發生。

1. 你的父母或其他照顧者是用什麼方法幫你感到安全？又是做了什麼讓你感到不安全？想想看你在身體、情感以及關係的經驗。
2. 你是否覺得受到父母保護？他們是用什麼方式可以好好保護你？做了什麼導致失敗？

3. 你是否曾經覺得被父母嚇到？父母是否曾是恐懼感的來源？
4. 你希望父母之前能夠用哪些不同的方式回應？要讓你感到安全該怎麼做最好？
5. 你家裡或其他地方，是否有那麼一個人，可以去找他尋求安全庇護？
6. 你認為，孩子什麼時候會覺得被你的教養方式及反應嚇到？那讓你感受如何？在什麼情況之下你會「氣得爆炸」？
7. 親子互動不順後，孩子感到沮喪來找你，你認為孩子會想要你如何回應？你可以做什麼改變？
8. 在你成長過程當中，家裡如何修補或大或小的關係破損？如今為人父母，你要怎麼啟動修補過程？

我們曉得，問自己這些問題頗具挑戰性，也會喚起五味雜陳的情緒：罪惡感、害怕、焦慮、難過以及其他感受，包括難以形容的渴求，或無助的狀態，或羞愧的感覺。但是，童年沒能獲得理想依附的大人，可以學習安全感的重要構成因素，並且在你的成人生活中創造。弄清楚你的個人經驗，逐步得出一套融貫敘事，理解你的過往，知道對你的發展有何影響，就能夠努力獲得想要擁有的那一類依附方式，學會如何用和你被養大完全不一樣（也更健康得多）的方式對待孩子。根據周密的研究顯示：我們小時候所學的依附策略，在這一生當中都存在著成長改變與發展的可能。

你可以尋求心理治療師（特別是熟悉依附科學理論）的幫助，努力反思與理解個人的過去經驗，這可以讓你找到協助孩子感到安全的方式，和他們溝通、互動，不需擔心兒時的教養經歷。接下來，你給孩子的這些正面經驗，將會以建設性、統整的方式在他們的大腦形成連線，他們可發展成為穩固、獨立且具韌性的大人。你可以成為孩子的避風港，這是你在兒時不曾有過的經驗。更重要的是，當你的小孩長成具有安全依附、情感基底堅實的大人，想想看他們將可以成為怎樣的父母！

你帶著勇氣、努力和意願，決心去細究個人史，理解自身的生命故事，就能夠打斷不安全型依附教養的循環。願意陪伴自己，不過是另外多了一個方法來陪伴孩子，還有陪伴孩子的孩子和孫子。

CHAPTER

4

被了解的價值：

看見也看懂孩子

「安定四要素」的第二項，強調的是幫助孩子覺得**被看到**。真正看見孩子，追根究柢就是要做到三件事：（1）與孩子的心理狀態調諧一致，讓孩子曉得父母**懂**他們，知道他們的感受，並且能有深刻、更有意義的理解；（2）了解孩子的內在生活，運用想像力來弄清楚孩子的內心真實狀況；（3）「隨機應變」加以回應，也就是適時做出有效回應。這要靠三個步驟：感知、理解、心神相連地適時回應，展現出這「連結三要」，可幫助孩子覺得被照顧者看到。我們所謂的「看見」孩子，不是孩子的特定行為或某一情境的外在表象，而是更看重行為**之下**的心理，即內在的思維。

長久以來，人們都說關係的經營需要優質時間，一點都沒錯。當然，足量時間

「連結三要」協助孩子覺得被看見

同等重要。孩子需要父母陪在身旁一起玩，比賽、演出的時候要到場支持。但是，協助孩子覺得**被看見**，需要的不僅僅是爸媽人在身邊而已。我們主張的陪伴是**心要同在**。

你是否能夠好好看見孩子？這裡的看見，指的是要見到他們的真實面貌：感知，理解，並以隨機應變、適時且有效的方式回應。你的孩子藉此能體驗到情感上的歸屬感，被接受與了解。科學研究提出（這個結果也獲得日常經驗支持），孩子覺得被看到，就可以學會帶著清澈而誠實的心來看自己。若是父母能夠率直且如實的去認識孩子，他們也能學會以那樣的方式認識自己。看見孩子，表示父母要學會如何以陪伴同在的立場去感知、理解、回應，以開放心態接納孩子本性，以及接受孩子現在、未來的模樣。孩子不需迎合父母的期盼，也不需穿越父母自身的恐懼或渴望才能往前邁進。只要看著孩子，認識孩子，擁抱孩子，支持他們開展自我。

我們聽過太多類似故事，爸爸要沒有運動細胞的兒子當運動員，或媽媽逼迫孩子要每科都考一百分，根本不管孩子是否喜歡或有沒有本事能辦得到。這些都是父母看不見孩子真正本性的例子。如果是童年時期的幾次經歷，並不會造成太大差別，再怎麼說，沒有哪個父母可以全時間百分之百和孩子調諧一致。不過，若是這種回應反覆出現，對孩子、雙親以及親子關係都有不利後果。

我們認識的某個家庭則是不同的例子。潔絲敏是單親媽媽，帶著一個女兒艾莉莎，這位小女孩八歲的時候抱怨說頭很痛。她開始缺課，別的活動也不參加。小兒科醫師做了連串檢查，認為艾莉莎的身體沒有什麼毛病，潔絲敏完全不知道該怎麼辦才好。她想要支持並且相信女兒，開始帶著孩子逐一拜訪專家，可是一再被告知看不出有任何疾病，做媽的不得不猜想是否艾莉莎編造出頭痛，為的是要逃避她不想做的事情。有時候她讓艾莉莎待在家裡，有時候強迫她去上學，或是參加別的活動。結果就是親子關係持續衝突。

雙方來回拉鋸了好幾個月，潔絲敏因不相信自己女兒而內咎，可是也試圖要確保孩子不會錯過課程以及各種體驗，而艾莉莎努力讓媽媽滿意，但一直承受痛苦。最後她們找到一位神經心理學家，發現艾莉莎的確罹患一種複雜而難解的疾病，症狀就和她經歷到的一模一樣。好消息是那個病很容易治，只需用藥、調整飲食即可。壞消息呢，小女孩患病太久沒能得到治療緩解；而且她分辨得出來，當她講述自己感受的時候，有時媽媽並不是真的相信，這同樣糟糕。艾莉莎一直要承受身體與情感兩方面的痛苦。

當然，潔絲敏對於沒能給女兒更多支持而難過。她曾經試過要保持同理、諒解，依據自己所能取得的訊息盡力而為，可是她不明白應該如何**弄懂**女兒所說和醫生講的兩者間的出入。即使她保持開放去感知，卻不太能夠理解，因此最後只是徒勞無功。感知、理解、回應這三大要項，形成一座三節橋樑連結親子雙方，讓孩子們覺得被看見，不過，在潔絲敏這個案例當中，橋樑並不完備。此外，她曉得和艾莉莎的相處，勾起了自己的情緒反應；潔絲敏的媽媽經常生病，她最不願意的就是承認女兒有可能罹患某種慢性病。只要大人覺得無助，構築「連結三要」就會蒙上陰影。最終，潔絲敏找到了事實真相，即使未能如她所願。

以上這個例子裡，家長確實盡一己所能陪伴女兒，也真正看見孩子的內心世界。沒有人可以時時刻刻都做得正確無誤。生命艱難而複雜，父母最好的做法，就是**願意**創造出清晰而穩定持續的連結關係：不順的時候要修補，孩子長大之後，仍盡量維持陪伴的心態。潔絲敏無法立刻解決問題，而且艾莉莎在整個過程沒有一直得到支持，但潔絲敏保有警覺心，總算能夠發現艾莉莎頭痛的真正原因。無心的父母可能只會責備女兒是在操弄局面，甚至強迫她去上學。然而，就算潔絲敏判斷艾莉莎的症狀是編出來的，或者是心身症，母親的角色依然是要陪伴孩子，做到感知、理解、回應，不管是什麼原因導致艾莉莎告訴她有那些症狀。無論是什麼狀況，愈是能**看見**孩子的全貌，愈是能帶著關愛之心回應。

這個案例的要點如下：看見孩子，並不表示家長要毫無瑕疵。沒有人能夠一直完美解讀孩子給的提示，而且就算我們努力去試，有的時候依然會弄錯。也許爸媽覺得自己是**陪著歡笑**，結果孩子的感受是**被嘲笑**。或者，我們會把孩子說的事情看成焦慮來回應，孩子因此生氣難過，她覺得爸媽把她看扁了，認為她沒有能力處理好事情。

或者因為環境使然，父母難以確實了解**如何**回應，艾莉莎和母親的例子就是如此。重點在於，真正看見孩子往往像是碰運氣，但只要誠心做好「連結三要」的每個步驟，就有絕佳機會獲得心神相連與理解。

心智省察

潔絲敏費盡心力要解決艾莉莎的困境，在這過程當中，她展現出我們所說的「心智省察」（mindsight）。這是丹尼爾自創的詞，用來描述一個人看見自己和他人內心的能力。心智省察的關鍵是覺察（awareness），也就是仔細注意事件的表象之下發生了什麼情況。這正是潔絲敏努力要為孩子做到的——看見女兒到底是怎麼了，同時努力保持覺察，意識到自己的兒時經驗也許會造成眼下的偏差。心智省察讓你能夠認識自己的心，同時具備認識他人內心的能力。

舉例來說，假設你和另一半為了教養的事有所爭執，也許對方想要孩子們多做些家事，然而你擔心小孩已經太忙，不想再給他們增添責任。對話持續進行，你們出現更大的衝突，後來兩人都發火了。這時，心智省察可以派上用場。首先，它可讓你有更多自我覺察，不僅把注意力放在自己的意見和願望，也留心挫折與憤怒。你甚至會發現，過去的課題正影響到你感知這次討論的方式，可能是以往和伴侶的互動，甚至可能是和自己父母的相處經驗。這番體認將可讓彼此的意見不和有效平息下來。

引導心智省察向內，以求更了解**自我**，也對考量伴侶內心的想法很有幫助。個人內在的各種動盪，拉高了對話的緊張局面，這些力量有許多也在你伴侶的心中產生作用。藉此，我們能夠理解驅使他們做出反應的恐懼心情或其他感受，對我們在乎的人心生同理，就能抱持敏感與同情的立場面對爭議點，而不是帶著防禦和批評。在爭吵中，你依然可以堅守自己的立場，但你表達立場的**方式**，擁有更大潛在力量去連結對話雙方，而不是分隔彼此。這就是心智省察的威力。

「連結三要」不僅可對你的親子關係有所幫助，對你和其他家庭成員、生命伴侶還有朋友的關係也有效。感知、理解和回應，是我們此生建立關愛連結的基礎方法。

施展心智省察技巧的父母，孩子的依附關係會變穩固。舉例來說，四歲的兒子因為洗完澡後你把浴缸的水放掉了而暴怒，可是他想要留下水的原因只有他自己才清楚。按照左腦主導的邏輯性思考，你可能忍不住要跟小孩爭辯，用各種理由解釋一般人洗完澡後把水放掉。但是你也曉得，對於心情不佳的學齡前兒童來說，邏輯和理性的討論不是每次都能奏效。說不定你兒子的幻想世界都是些船啊水手啊，準備好要來一場夜間的大海之旅，而他在睡覺的時候會夢到澡盆裡展開的海洋奇航，這全都要靠浴缸裡留著洗澡水——而你把水手們都殺了！

如果，不要只用你自己的目標和想法來看這件事，而是靠心智省察力去想像一下

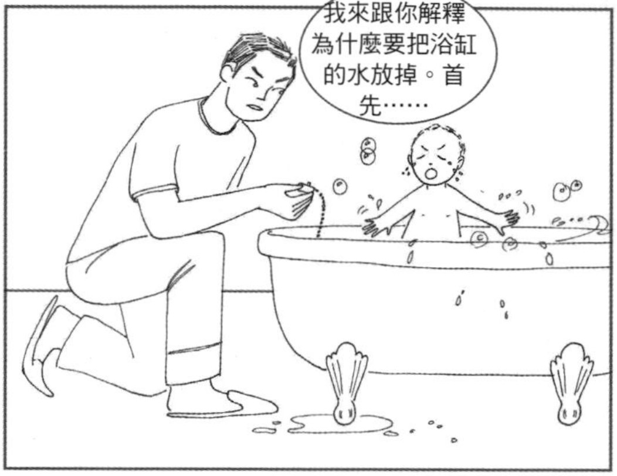

別說教……

運用心智省察，了解並且心神相連。

孩子的內心思緒，那又會如何呢？或許你會想到，先是足球比賽然後又跟別人約了一起玩，這小子已經累了一天。也許你會認真傾聽，讓他說澡盆裡的水手們即將展開航程。你也許只是給他一個擁抱，而不是說教講道理。你甚至可以問一問，把洗澡水留下來為什麼這麼重要。你可以理解、接納孩子的感受：「這次你想要把洗澡水留下來是嗎？你會難過是因為不想讓我把水放掉，對不對？」一開始先以這個方式與孩子建立連結，就有更大機會協助孩子冷靜下來，準備好上床睡覺。

同樣道理，如果十二歲女兒哭成淚人兒，因為她找不到那件想要穿去參加朋友聚會的短褲，教訓她沒有預做準備，或是碎碎唸應該收拾整齊或東西別亂丟，大概並非最佳時機。最合理的做法是運用心智省察注意她的感受如何，而且即使你可能覺得她的反應太過誇張，也要承認孩子的情緒對她來說是真實存在的。如此一來，不管你是否能夠幫她找到失踪的短褲，至少可以意識到女兒的心理狀態，就算無法解決問題本身，你可以陪伴在她身旁，幫她應付令人心生不安的情況。你用不著衝去店家買回一模一樣的短褲。陪伴孩子是說：不管遇到什麼障礙，他們學習處理、應對的時候，要在身旁陪著一起努力。

各位不需要做超級爸媽。你不需要會讀心術，或超越一切個人缺點，或達到某種靈性提升的境界。你只需要陪伴。陪伴要能**與其同在**，願意讓孩子感受到你懂他們，而且不管發生什麼事你都會伴隨左右。「看見」你的孩子就是這個意思，而且要真的看見。

而且別忘了：重要的是也得看見自己的心。這就是說，承認你在那個時刻的感受，辨認出各種情緒的起源之處。畢竟，你在衝突或緊張之際的各種感受，有些可能和兒子的洗澡時間或女兒參加聚會的穿著無關。如果你能留意自己的內心波動和情緒，就更有可能自我克制，讓你和孩子雙方都能平復心情。接下來，當你實際**選擇**應該如何回應艱困情境，並不會僅僅從潛意識的欲望和傾向**做出反應**，而是能夠真正看見孩子，回應的方式正好可以提供當下所需。

此外，若你是用心智省察做出回應，將可教導孩子充滿愛的人際關係是如何運作。與他們調諧一致，讓孩子覺得自己的感受被接住，這正是健康人際關係的基礎，

別說教……

運用心智省察，了解並且心神相連。

有助於為他們建造安全堡壘。而且還不僅如此——孩子可以學到如何找出能夠陪伴在他們身旁的朋友和伴侶，也學會用同樣方式對待別人。這就表示，他們會培養出健康人際關係的技巧，包括和自己小孩的親子關係，而他們的孩子又能將這門功課往下代代相傳。

如果孩子不覺得被看到會怎樣？

有些小孩在童年時幾乎不曾被看見，不覺得被了解，真是令人遺憾心碎。想想看這些孩子的感受如何吧。當他們想到老師、同伴，甚至是自己爸媽，心中只會說：「這些人根本不了解我。」

為什麼我們無法看見、理解孩子？有時候我們是透過一面「濾鏡」看孩子，這濾鏡是我們自己的欲望、恐懼和困擾，而不是孩子的特質、愛好和行為。我們甚至可能執著於某個標籤，說「他還小」，或者「她算是

做一處避風港讓孩子能夠跑去躲避危難

運動健將（或害羞或有藝術天分）」，或是「他就跟我一樣，愛討好人」，或者「她生性固執，跟她爸一樣」。這樣定義孩子，就不能真正看見孩子的全貌。沒錯，人腦會將輸入的能量流動組織成不同概念。不過，父母面臨的挑戰，是要去辨別這些分類，解放自己的心，不要侷限了我們對孩子的看見與理解。

舉例來說，我們常聽到家長會用「懶」這個字來說自己小孩。有時是因為小孩讀

別根據各種假設貼標籤……

看看表象底下，問問究竟發生什麼事。

書不夠，或練習不夠，或不願協助做家事。這些父母認為「懶惰」是一種人格缺點。不過事實上，孩子回應某個情境的方式，很可能和父母想要的不一樣。女兒難以記得各州首府，或許並不是她懶，而是因為她遇到學習障礙。（事實上，弱勢孩子往往比大多數同儕付出**更多**心力，卻無法獲得良好成果，但父母認為他們應該更努力。）或者，也許她還沒學會**如何**有效率地念書，或者她睡眠不足，無法維持良好學習所需的機敏狀態。

或者，你兒子對於每天練習罰球線投籃沒那麼積極，從發展的角度來看，一個十歲小孩通常不會那麼投入某項運動。重點並**不是**如果你兒子想把籃球打得更好不用練習，也不是說你女兒不需要準備地理課的隨堂測驗。我們要說的就是：為人父母，應該避免草率下判斷，而是停下來想一想，事件的表象之下可能發生了什麼狀況。標籤會阻礙我們清楚看見孩子。更糟糕的話，孩子注意到爸媽使用這些分類，就會依據心中所認為父母對他們的看法，形塑個人的自我信念。

家長也經常會掉入一個陷阱：想讓孩子成為與其真實本性不符的別種模樣。我們可能會**想要**孩子更用功，或會運動、愛藝術、愛乾淨、追求成就，或其他樣子。可是，如果他就是不在乎要怎樣把球踢進網，那該怎麼辦？或者，心有餘卻力不足？

每位孩子都是獨立個體。家長的感知受到了自己的欲望和分類干擾，就難以清楚看見孩子的本色。而且，如果不能看見孩子，那麼我們一直對他們說愛啊愛的，實際上是什麼意思呢？父母要如何接納孩子的真實本性？

有的時候問題再簡單不過，只是家長和孩子的個性不合。你可能喜歡像隻蜂鳥一樣四處忙個不停，迅速又有效率完成所有任務。然而你的女兒與生俱來的步調，更像是樹獺那種速度。也許她很容易分心，或者她只是充滿好奇，想要探索、學習身邊各種迷人的小細節。這時，父母可以幫上什麼忙？既然效率顯然勝過磨磨蹭蹭，是否應該把孩子套入模子裡，照著你的模樣再複製一個？恐怕行不通。你可能需要將原本的方式做些調整。既然女兒會花更多時間準備出門上學，也許你需要更早叫她起床。或者一起唸床邊故事的時候，要留些時間讓她能夠發問或是分心。這些都是相當簡單的調整，但是如果你不能真正看見女兒本性，明白她的行動方式，那麼你就無法充分認識她，也不能掌握做什麼調整最能讓親子都更好過。

把頭髮留長好不好啊？
我覺得阿嬤送的那件洋裝
穿在妳身上很美吔。

不能看見孩子，最糟糕的就是忽略他們的感受。以蹣跚學步的小朋友為例，在她

跌倒哭泣時說「別哭了，又不會痛」。或者，年紀稍長的小孩第一次去舞蹈班上課，如果你跟她說「別擔心那件事了，根本沒什麼好緊張的」，恐怕很難讓女兒覺得比較自在。沒錯，我們想要讓孩子心安，陪伴他們、讓他們知道一切都不會有問題。但絕對不是去否認孩子的感受，那會擺明告訴他們：自己的情緒並不可靠。

相反地，我們留意孩子目前遇到什麼況狀，然後陪在他們身旁站在同一陣線。我

別否認情緒感受……

看見孩子並且做出回應

們可能會說出這樣的話，「你不會有事的」，或「很多人第一天上課都會緊張，我會留下來等妳覺得好些」。可是，如果我們能夠看見孩子並且關注孩子感受，就更能帶著同情心給予回應。孩子覺得感受被接住，就能有歸屬感，因為孩子覺得你可以真正理解她。孩子也會領悟到，自己是個能被看到、被尊重的「我」，同時還是「我們」的一部分——這個「我們」大過她的個人自我，卻不需要她妥協或喪失做一位獨特個體的意義。「看見」孩子，就能為他們未來的人際關係設下統整基礎，他們可以是獨立個體，同時又是與他人相連的一部分。

歡欣接受孩子的全部本性

真正看見孩子，有助於幫孩子建立安穩感，因為孩子感受到有人可以接納他們的本性——不論是好是壞。我們要怎麼將這個訊息傳達給孩子呢？當你回應孩子的感受或行為的時候，一切就展露無遺。每次親子互動，都會發送出訊息。孩子曉得我們的感受如何，不管有沒有明講出來。而且，孩子在情感上有多麼穩固，端看他們自己的內在經驗是否能符合從父母接收而來的訊息，還有可不可以在父母協助之下了解這些經驗。

從孩子還是嬰兒的時候，他們見到陌生人進入房間，或跘了一下跌倒，馬上會看看父母，探詢應該如何回應。他想要知道，**這時感到害怕是對還是不對？我是否安全？**而且，嬰兒會依據你的反應，學會估量自己的反應——無論是行為，還是形塑、表達情感的方式。這種互動型態稱為「社會參照」（social referencing），代表孩子開始發展成為能覺察情感的人類。孩子正在看著你呢。

孩子逐漸成長的過程，會持續研究父母的行為，也愈來愈能讀出各種提示，發現你在某個情境下的感覺如何——這些提示是你有意發出的明確表達，或是包藏在舉止之間的內隱訊息，甚至你自己都沒發現對外傳送了。孩子感受自己和周遭世界的心智模式，會受到這些反覆出現的溝通模式影響。

朋友的兒子傑米，當他一歲大的時候，只要爬高或做些有挑戰的事情，就會很可愛地大聲講出來給自己聽：「小心哦，傑米。要小心哦。」當他要冒些風險的時候，父母會告訴他要更加謹慎小心，這個方式已經被內化與模仿。父母給孩子的提示，通常是出自父母本人的內在信號，可能對孩子好，也可能造成負面影響。

我們傳達出來的訊息，可能會阻止孩子以有利發展的方式向外探索，增添他們內心的恐懼及焦慮。但我們也能增進勇氣和韌性，幫他們跨出舒適圈。在邁入未知領域探索之前，有些孩子需要提醒他們注意安全，而另一些孩子需要的是時間和鼓勵。

重點在於，孩子學會準確地解讀父母的感受，不僅是世界是否大致安全無虞，就連他們表達情緒時我們會怎麼想也都一清二楚。也許孩子收到的訊息一再表明，父母真的有看見他們，而且想要知道他們的感受，就算是覺得負面甚或嚇人的感受也包括在內，不管他們的感受如何，父母都會在情感上陪伴。但也有可能，我們表達的恰好相反。

現在，讓我們想想孩子難過時跑來找你的情景。你有沒有運用心智省察，真正看見孩子，並且順應當下情勢來回應？你的反應是哪一種，是表現在外？還是隱藏在

別否認情緒感受……

看見孩子做出回應

內？

要建立安全依附關係，需要看見孩子，而且欣然接受孩子的全部本性。孩子覺得能夠自在分享個人感受，即使是具威脅性的可怕感受、大到令他們不知所措也沒有關係。請記住，孩子會把你發出的訊息內化，所以要是你告訴他們，或讓他們覺得你「不想聽這些東西」，就會成為他們認知中的親子關係。若孩子正陷入困境，或風險的代價很高，或進入青春期變得自我、不喜歡受到干涉，情況更是如此——你可能就沒法聽到對他們來說意義重大的事情了。讓孩子知道你會陪伴在他們身旁，永遠不會嫌遲。而且，當你做不到的時候可以道歉，然後持續表現出你是多麼愛孩子，不管他們做了什麼，或對你說了什麼。

被看見還是被羞辱

幫助孩子覺得被看到，在很多方面是和「安定四要素」的第一項有所重疊，也就是覺得安全。孩子覺得夠安全，就能在我們面前展現本性，和父母分享他們的感受和體驗，不需擔憂爸媽的反應會引來屈辱和羞恥，或是害怕和驚恐。這麼一來，我們就能看見孩子的全貌。但是，如果孩子這麼做並不覺得安全，就沒辦法把本性展現給我們看。

舉例來說，兒子也許是怕單獨一人，怕萬聖節的鬼怪裝扮，或怕其他東西，如果媽媽因此羞辱孩子，那麼他焦慮的時候就不會讓媽媽知道。媽媽想看見孩子的真實面貌就會更加困難。

因此，孩子被留下獨自去應付那些感受。問題就是從這兒開始，愈滾愈大。當他第一次外宿感到緊張不安，就不會願意告訴媽媽自己的實際感受。他會被留下，獨自面對那個處境，這讓他更為焦慮。假設，孩子不願意去，也許他會裝病，或者直接爆氣堅持說不想參加。媽媽把這些行為看成是反抗加以處罰，但她從來不曾真的看見兒子的內心。如果她運用心智省察去看去了解，就會接納兒子表達自己的害怕和焦慮。那麼，他就能分享自己的感受，而且說不定媽媽可以幫上忙，一起面對緊張的心情，讓他得以參加外宿活動。

要是家長無視孩子的情緒，或看作沒什麼大不了，或指責或加以羞辱，孩子就會無法將真實自我展現給父母看。

羞辱孩子會強力阻礙我們看見他們，但爸媽

我害怕的時候
會被媽媽取笑，
所以我得要
假裝勇敢。

卻**經常**對孩子做出這種事。羞辱可能是直接的，用看不起甚至是侮辱的話語，甚至還帶著怒氣。羞辱也可以是間接的。若孩子處於情緒高張的狀況，即使他已嘗試努力要和爸媽心神相連，然而父母沒能在那個情緒化的時刻與他同頻，就會出現這種間接受辱的感覺。不管孩子的情緒狀態是正面（譬如對某件事興奮不已）或負面（像是悲傷、憤怒或害怕），若父母沒能與之調諧一致，就可能造成情意疏離，如此一再重複，便間接導致孩子的羞愧感。為什麼呢？說來相當諷刺，父母原本是孩子求生圖存必須依賴的對象，他們會以為是自己有問題，才會無法從父母得到滿足，這麼想會比把父母視為靠不住「更為安全」。羞愧感和罪惡感的差別就在此，罪惡感是覺得某個行為不對，可在未來修正改善。

無論是直接或間接施加羞辱，孩子都會覺得自己殘缺不全，身上有什麼地方不對勁，即使孩子不過是做自己，表達要求心神相連的健康需求。很遺憾，這種羞愧狀態會一直伴隨著我們，遠遠超過童年時期，形塑成年之後的身心運作方式，即使我們並沒有覺察到，但羞愧感已融為我們如何過生活的一部分。

參考下頁的插圖，你可以看出差別在哪裡。看見孩子，有助於讓他們平靜下來，並且邀請孩子對父母敞開心胸；羞辱孩子會**阻止**他們對父母展現出真實自我。更糟糕的是，羞辱不能帶出我們所期待的行為。就算有用，孩子的行為看起來正如我們所要，但他們內心卻充溢著恐懼與沮喪。事實上，研究結果顯示，童年時期經常有受辱、覺

羞辱孩子會妨礙他們對爸媽展現真實自我

得羞愧的經驗，罹患焦慮、憂鬱症以及其他心理健康困擾的可能明顯高出許多。

當然，有些時候我們必須挑戰孩子，要求他們做得更多，超越自以為的能力侷限。我們不願孩子因為緊張而錯過從滑水道溜下的樂趣，或是第一次參加練習覺得焦慮就放棄整個足球季。看見孩子，意思是說不論強項、弱項皆需留意。若你觀察到孩子需要努力加強哪些技巧，不管是耐心、禮貌、衝動控制、同理心或其他特質，愛他的話，就讓他在那些部分下功夫。忽略孩子本性，包括無視任何他們可能會面對的短處或阻礙，對他們沒有什麼幫助。

不過，鼓勵孩子跨出自己的舒適圈，或是陪著一起練習他們所欠缺的社交或情緒技巧，和我們因為孩子沒能照指示去做而加以羞辱很不一樣。再次強調，這絕非溺愛，或毫不要求孩子嘗試新事物、走出舒適圈。重點是要讓孩子展現出自我的真實感受，這樣父母就可以和他們的經驗同在，並且協助孩子處理強烈情緒，避免落入其中無法控制。一切關乎能看見孩子真實本性。

DO IT

爸媽可以這樣做
讓孩子覺得被看到與理解

策略1 讓好奇心帶著你更深入探索

讓孩子覺得被看到，父母首先只需做到好好觀察——請你務必花時間仔細看待孩子的行為，努力排除先入為主的觀念，想想究竟實情如何，而不要太草率下判斷。只需放慢好好觀察，就能大大了解孩子。若能打破理解的分類標籤，就比較容易以開放的心態去看。

不過還是要再次強調，真正看見孩子，不僅是注意到表面很容易看出來的東西。有時我們必須更深入探索，看看孩子動作與行為表象**之下**的情況。當然，我們會觀察孩子的活動，傾聽他們所說的一切。不過孩子就跟大人一樣，除了顯露在外的，還有更多東西正在進行。因此，父母的責任，有一部分就是要更深入探索。那就表示，父母願意看到孩子的實際狀況，不受一開始的預設與解讀所限，這意味著要抱持好奇的心態，不要立即下判斷。

重點在於好奇心。小鬼頭玩起「把整盤義大利麵推下餐椅」這種遊戲，你最先的反應可能是沮喪洩氣。如果你認為孩子是要逼你發飆或藉此表達反抗，就會依據這個假設做出回應。不過要是你看看孩子的臉，注意到他因為地

別馬上做假設、下判斷……

帶著好奇心更深入探索

上、牆上點點紅色醬汁眼神都亮了起來，或許就會有不同感受，反應也會不一樣。認知科學家艾莉森・高普尼克（Alison Gopnik）、安德魯・梅爾佐夫（Andrew Meltzoff）和派翠西亞・庫爾（Patricia Kuhl）曾合寫了一本書探討「搖籃裡的科學家」，依照他們的解釋，嬰兒和幼童的行為，有很大比率是出自想要學習和探索的本能。如果你曉得有這股驅力，當義大利麵灑了一地時，可能還是會因必須

我們觀察到的是：

如果孩子有辦法，會這麼說：

媽媽都不讓我參與。她還說我太小了，一聽就讓人生氣。

清理殘局而沮喪。可是，如果你願意花點時間讓好奇心主導，也許就可以問問自己：「真想知道小寶貝為什麼要這麼做？」當然啦，對於自家小孩在這階段的狀況，你自己也搜集到相關資料，曉得下回吃麵的時候，說不定需要在底下鋪塊布。

我們鼓勵家長們「追根究柢」，挖掘孩子行為背後的起因。帶著好奇心問：「為什麼孩子要這麼做？」這樣更能夠針對該行動的真實本質做出回應。有時那個行為也許真的需要處理——我們也一直在強調這點，孩子確實需要有行為的界限，父母的工作就是要教導孩子什麼可以做、什麼不能做。然而，還有一些時候，孩子的舉動可能是所處發展階段的常見現象，應該據此看待來做出回應。而且，即使那行為真的需要管教（定義為教導以及技能養成），如果父母一開始就帶著好奇心去探究原因，再依此判斷孩子內心在想些什麼、行為是從何而來，管教（教導）起來將更有成效。

同樣道理也適用其他行為。如果孩子遇到大人就悶不吭聲，拒絕開口打招呼，也許並不是想表現得沒禮貌，說不定孩子只是感到害羞或焦慮。這並不表示你在帶孩子的時候不需教他社交技巧，或用不著鼓勵他學習在不自在的場合講話。我們的意思是，你願意看見孩子此時此刻的處境，看見行為**背後**的感受是如何。探究原因，看看他為何沉默不語；接下來你的回應就更能針對原因，也更能發揮效果。

順便一提，我們相當贊成要為孩子定下明確、甚至是高度的期望。孩子必須學到努力奮鬥的價值，也需要被鼓勵去做得更多，超過自認的個人能力極限。然而，有一些時候，如果父母更深入探究，會發現我們對孩子的要求根本不切實際。為人父母，的確會想要協助孩子發揮全部才能；可是我們不能要求孩子去做些根本遙不可及的事情。

該問的是孩子是否**不願意**守規矩，這和**做不到**很不一樣。如果孩子在要求之下**不願意**守規矩，那麼父母的反應，或許會和孩子**做不到**乖乖待在座位上，或一直遵照指示的情況大不相同，因為後者也許是出於過動傾向，或不符發展階段的期待，或有其他理由。

蒂納最近在一場對教師的演講中，清楚地表達這一點。她談到，若想了解學生的行為，大人必須深入探索，追根究柢了解真相。提問時間，一位充滿愛心且經驗豐富的老師德布拉起身發言：「如果妳說的沒錯，那麼我必須重新思考我在班上管教的方式。」蒂納請她透露更多細節，德布拉解釋說，她之前會用晾衣夾寫上小朋友的名字，然後把這些晾衣夾移到一幅有「紅燈」「黃燈」「綠燈」圖的大型毛氈布上，全都夾在上頭。每個小朋友當天都是由圖中的綠燈區出發；然後，如果行為不端，代表的晾衣夾就會被移到黃燈區，算是警告。接下來違規的話，就會被移到圖中的紅燈區，這表示會通知家長孩子在校行為不檢，還會有一些特定的處罰，例如課間休息的時候不能出去玩。

兩人的對話大致如下：

蒂納：這個方式運作起來效果如何？

德布拉：很棒，大多數孩子都能適應。可是我們班上有幾個男生不受控。

蒂納：最後多半是同樣那幾個名字排進紅燈區，對不對？

德布拉：沒錯。有個男孩被移動的次數太過頻繁，結果名字都糊了。

蒂納：同樣行為一犯再犯是嗎？

德布拉：就是這樣。

蒂納：那麼，似乎這個做法並不能真正有效當成行為管理工具。小男孩必須要面對你、面對家長，這樣的後果並不能真正改變他的行為。同學們有什麼意見？他這些不當行為對大家有什麼影響？

德布拉：同班同學也覺得他很煩。他會侵犯同學的領域，別人在忙的時候找話講，大家都受不了。為了處理他的行為，得中斷進行中的課堂活動，這也讓同學們很討厭。

蒂納：請容我再複述一遍。這位男同學處於讓同儕接納、喜歡如此重要的發展階段，卻還是持續這些行為，即使從同學得到許多不好的反應，而且還有來自家長以及老師更不好的後果？

德布拉：沒錯。我得要重新思考這個做法。

蒂納：是的。換句話說，為什麼這孩子要一直去做些會讓身旁的人都不喜歡的行為呢？想必他也會很不舒服。一般來說，小孩子並不願意一再被處罰，每次都讓同伴討厭。請教一下，如果有位閱讀障礙的小朋友看書不夠快，你會不會因此就把他的晾衣夾移入黃燈或紅燈區？

德布拉：當然不會。那是他沒辦法的事。

蒂納：當然不會。因為你曉得那並不是孩子故意**選擇**不做你所期待的行為。我在想，如果我們看見有個孩子持續出現毫無用處的行為，惹上這麼多的麻煩，那麼，說不定也不是他自己所能選擇的。有沒有可能，這件事是**做不到**，卻被當成是**不願意做**？也許他還不具備那些技能或沒到那個發展階段，無法以別種方式克制自己。如果這孩子患有學習障礙，通常我們會用更好奇、更寬容的觀點來看待整件事，設法**支持**他茁壯成長。如果遇到的困難是社交、情感，或個體發展方面的問題，為什麼處理方法不同？而且，我們絕對不會為了孩子自己也無能為力的事情而處罰他。

德布拉：如果並不是我的錯，卻有人對我大發脾氣，尤其是如果一直在朋友的面前這樣做，還有如果我想要做得更好卻做不到，那真是討厭極了。

蒂納：正是如此。這並不表示你容許那個男孩藐視課堂的規矩，或一直干擾別人。顯而易見，為了他本人，為了班上其他人的學習，這樣的行為必須加以處理。但是不一樣的觀看角度，讓你更能了解目前所用方式對這個男孩起不了作用。帶著更多好奇心、更了解他的本性，就能處理這些行為，不僅是從更富同理心的觀點來處理，而且有助於更積極、有效的管教。你也許需要用不同策略，有點創意和耐心，多試幾次協助這個男生，不過我鼓勵你和他**一起**努力，共同反省自己的行為，看看他覺得可以怎麼做，幫他成功克服這個困境。

這段對話針對的是學校，卻一樣指出重點在於「做不到還是不願意做」。如果孩子**做不到**，為了他無法控制的事情加以處罰，你覺得會有什麼用？有的時候，「做不到」是源自外表看不出來的困難狀況，像是學習障礙、感覺失調、廣泛性發展障礙、長期睡眠不足，或正在適應父母離異、搬新家等等……這並不表示孩子無法培養或發展技能；只是此時此刻環境的要求超出孩子的能力。孩子的行為和他的發展狀況更有關係，只不過需要更多些時間、更多解決問題的技巧，才有辦法更加順利。

策略 2 製造空間和時間，讓你更能觀察與了解孩子

真正看見並且了解孩子，關鍵在於要有主動的**企圖心**。我們的第二項建議，

也適用同樣道理。看見孩子有很大部分就只是全天留心注意孩子的狀況。這正是全腦教養最棒之處：你只需陪伴，注意孩子——與孩子同在。

你要觀察孩子過生活，或傾聽孩子講述一整天下來有什麼事吸引他們注意，就可了解各式各樣的事情。你也能設法創造對話空間，讓你更深入孩子的內心世界，了解更多，並且見到其他時候難以窺見的私密細節。

若是要深入探索，夜間會是個好時機。一天將盡之際有股魔力，這時家裡安靜下來，身體也感到累了，令人分心的事情退散，防禦心降低，讓人更容易分享自己的想法和回憶，害怕和渴望。對孩子來說也是一樣。當孩子靜下來安頓好的時候，他們的問題、反省、遐思和意見會冒出來，要是親子能夠親密窩在一起，而且不要催促孩子，效果更好。

因此，睡前時光最好可以夠早開始，讓一般的作息能如常進行，**再加上**幾分鐘簡單的閒聊，或甚至是安靜的等待時間，讓孩子想說的話可以講出來。我們之前在別本書已經談過時程排得太滿的危害，睡前時間的儀式以及充分的睡眠，會是協助孩子調節情緒和行為的強大工具。稍稍預做考量，你可以排個幾分鐘的心神相連時間當作夜間慣例的一部分。如果不趕時間，孩子可能會願意分享日間生活的細節，提出幾個問題，能幫你更全盤理解孩子在現實世界及想像世界裡的真實狀況。

有些讀者可能想：**我們家的小孩並不是會自然而然願意分享所思所感的那種類型**。這我們懂。此外，並不是每次都知道要怎樣起話頭。如果是「今天過得怎麼樣啊」這類問句，答案似乎別無意外只會是讓人害怕的一句「還好」。你這樣問不嫌煩嗎？孩子們聽得都要吐了。

我們提出幾點回應。首先，請記住，**並非**每天晚上你都能聽到驚天動地的真相披露，或是說親子雙方都會進行深度且有意義的交流。就算是在成年人之間，那也是不切實際的期待。切記這些時光的終極目標，只是單純要**與孩子同在**——創造空間和時間去更認識孩子，更深入理解他們，這樣你才能幫助孩子充分長成他們天生的模樣。

若是想要從你們家的小孩口中探出生活細節，「你今天過得怎麼樣？」這麼問多半已是綽綽有餘。對於某些孩子來說，父母**最不願意**的，就是要他們在睡前時間多講點話。如果是這種情況，爸媽可能不是要鼓勵對談，而是要引導談話朝向更有重點，親子討論就可以達到更大連結和更多理解。不過，如果孩子沒那麼急著想要分享他們的內在想法，那麼或許需要比較具體的問題。你看見、認識孩子愈多，愈是容易提問。

想促進親子之間更富意義的對話，在網路上或圖書館裡你都可以找到許多點子，甚至也有販售的商品。有些會提供談話材料；有些給你一些有意思的題目，或者是可以一起思考的道德兩難情境。凡是你覺得能促進親子對話的點子，都可以善加運用。密切留意孩子和他們的世界，有助於生出更好的提問，你就更可能得到比「還好」更棒的回答。真正看見孩子，就是要能看出他們的心思何在，知道有的時候他們就是不想多談。不說話也沒關係。一起靜靜躺著，放鬆呼吸，也能親密而心神相連。所以如果時機不對，可別有壓力硬要來場會談。

父母如果熟悉孩子的世界，提出的問題就會精準許多。

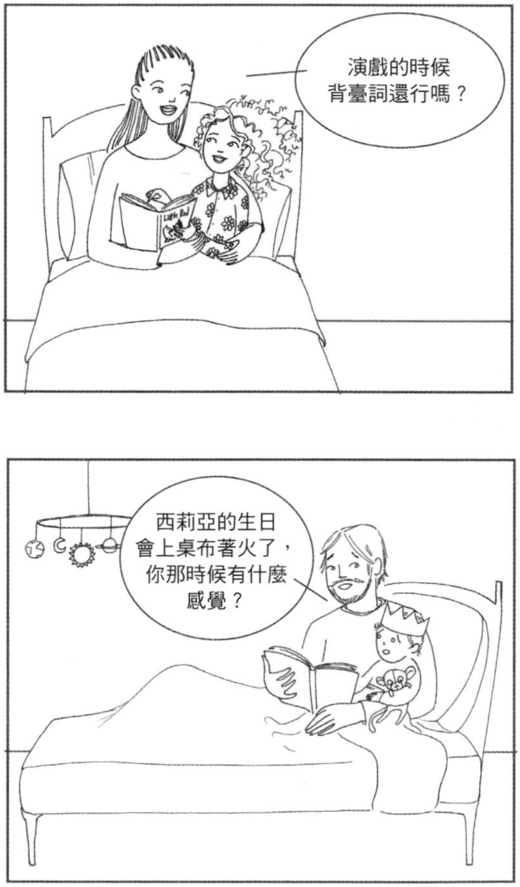
演戲的時候
背臺詞還行嗎？
西莉亞的生日
會上桌布著火了，
你那時候有什麼
感覺？

如果花費精力認識孩子，就更容易知道什麼時候該說些什麼，還有什麼時候只需保持彼此之間安安靜靜的就好。只需幾分鐘的時間和空間，讓孩子的想像力或度過的一天浮現出來，都會很有意義——對你和孩子都好，親子關係也受益。

再次強調，只需在你和孩子的日常相處之際睜大雙眼，就可以看見許多。但是要看見孩子，協助他們**覺得**被看到，最好方式就是要創造空間和時間，培育機會，讓你的期待成真。

給爸媽的融貫敘事練習

深入認識自己

心神相連，是人最深切的需要之一——被看見因而被認識。被別人理解，讓我們得以認識自己，出於自己的內在經驗真切過活。

在你自己生命中，感覺被看到、被認識、被理解到什麼程度？如果我們不能感受或表達內在經驗，或內在風景裡空無一人，很容易就會覺得孤獨，也許會喪失洞察力，甚至減損我們深入認識**自己**的能力。

如果成長過程中有一位照顧者以身作則，覺察個人內在生命，還能注意並尊重你的感受和經驗（卻沒有變得專橫或擾人），也許你就會曉得被看到、被認可的感覺。你也能在自己的人際關係裡成功做到這些事情。因此，你能享受到與別人相處的豐盛，更深入了解他們，包括自己的孩子。即使有時事情發展不能如你所願，但彼此的關係可發揮作用，成為力量與意義之源。

很多人並不擁有這樣的優勢。他們的原生家庭裡把一切注意力都投注於外部、表面層次的經驗：做了什麼事，好的壞的行為表現、成就如何。這樣的家庭可以彼此取樂，一起愉快的生活，但個人的內在大多被忽略了。晚餐桌上的討論可能是些浮泛的話題，像是最新時事、家裡的狗怎麼了、鄰居說了什麼，或是其他題材，雖然是聊天的最佳材料，卻和感受、回憶、意義和思想等等內在經驗脫節——

那些都是心靈主觀、豐富、內在的本性。這些人的友誼可能也是著重於外部表象。我們有某些人際關係只談粗淺的話題，很少分享自己脆弱之處，或是想法、感受、渴望或恐懼，但只要同時也擁有重要的情誼，可真正被了解也能深刻了解對方，那倒是無妨。

我們過著浮泛表面的生活，而不能更深入了解自己、其他重要的人、孩子以及最親密的朋友，往往取決於我們能否覺得被依附對象看到。

之前討論依附取向時，我們說過，迴避型依附模式中，人際關係和感受的重要性被無視、忽略或小看。事實上，一歲大的嬰兒已經能夠表現出迴避型依附的適應策略，短暫分離之後，其外在行為顯得忽略照顧者——表現得好像他們根本就不需要照顧者一樣。這類嬰兒可能感到害怕或傷心，但心中早已認定若是表達這些感受和需要的話，照顧者的反應並不會太好。接下來嬰兒為了適應而避免向照顧者表達自我，反而學到要獨自一人面對自己的情感。

若未經治療、反思，或有其他互動關係能帶給他不同的人際體驗，這位對主要照顧者具有迴避型依附的孩子，長大成年之後，可能也是主要專注於外在事物。這樣的反應統整而有條理，完全因應他所處的情境。如果你有了情緒或需要，而照顧者卻忽略或認為無關緊要，把注意力**轉離**你的需求，那麼你會開始過著更依靠左腦主導的生活方式來面對世界，不在乎自己（以及其他每一個人）的情感，認為那沒什麼了不起，這也是絕對合情合理。若你不曾被看見，恐怕就無法充分發展專屬的腦部迴路，讓你和其他人的心調諧一致並取得深刻了解，而且你最終不再能夠看見自己。

也許是你的父母或同事或伴侶或朋友，你生命中絕對有這種人，覺得看見情緒、處理情緒很不自在，不管是你的還是他們自己的情緒都一樣。情緒往往是以非口語信號表達，像是眼神接觸、面部表情、語氣腔調、身體姿勢、手勢，以及回應的時機和強度，它們主要是由右大腦半球表現及接收。若這半邊大腦未能得到滋養、同頻的連結來刺激其成長，發育會較為不足——只能等待機會讓它重返生長且連結的模式！而大腦生長與發展的能力是永遠不會喪失的。

接下來要請你仔細考量自己和孩子的關係。透過以下幾個題目，留心由此生出的任何想法和情緒。**看見**自己以及自己的反應，每道問題要一個接著一個進行，把過程放慢，內心若冒出任何強烈反應，就要額外多加思考。

1. 按照本書的定義（意思是說，他們深刻感知到你的內在風景，然後提出相符的回應），有多大程度你覺得真的被自己父母看見？
2. 目前你是否擁有可讓你進行有意義對話的人際關係，能討論有關你的回憶、恐懼、渴望，及內在生活等其他面向的種種話題？

3. 你和孩子處得好不好？你和他們互動的方式，是否能帶領孩子認識自己的內在世界並引以為傲？你是否以身作則，示範給孩子看何謂注意自己的內心和情緒？

4. 孩子是否時常覺得被父母看見？他們能不能感受到你會接納他們的真實本性，即使那和你截然不同，或者和你對孩子的期待不一樣？

5. 孩子是否曾經因為有個人情緒並且表達出來而覺得丟臉？孩子是否相信你會陪伴在他們身旁，就算是他們苦惱不安、甚至行為表現最不好的時候？

6. 此時此刻，你還能夠更進一步做點什麼，真正看見孩子並且回應他們的需求？或許是發生你不樂見的狀況必須探尋「原因」，或許是要創造空間更加深入，或許是你想要更加關心孩子在乎的事情。

請記得，沒有人是完美的，而且每一位做爸媽的都會錯失一些看見孩子的機會。此外，根本不可能完全看見、並且完全了解任何人，包括我們自己的小孩。所以教養孩子的時候，請不要覺得有壓力，想做到超凡入聖的境界。只須邁出小小一步，讓孩子覺得比之前更被看到、被理解。享受跨出這一步帶來的回報，然後再走下一步。每次新踏出一步，就加深且鞏固了與孩子的連結，讓孩子準備好也在他們的人際關係裡同樣這麼做，從兒童期開始進入青春期直到長大成人。

CHAPTER

5

同在當下、平靜交融：

讓孩子得到安慰

你一見到四歲的麥克斯就會愛上他。這孩子有著一頭蜷曲黑髮，眼鏡藏不住一雙褐色大眼睛。聰明、有創意，而且活力十足。然而，有一個人不吃他那一套，那就是麥克斯的幼稚園老師，畢德蘿太太。麥克斯極度焦慮，難以控制衝動，情緒激烈。很多教師喜歡情感充沛、活潑的小男孩，成功引導他們把阻力化為助力，即使偶爾難搞，也樂見他們逗趣的模樣。畢德蘿太太不是這種教師。她算是老派的人，喜歡講求規矩，對任何一種「行為不當」都沒耐心。對於麥克斯或他的那股精力，難以心領神會。

有一天，麥克斯正專心畫一張媽媽的畫像，這時畢德蘿太太宣布說下課了。班上小朋友都排好隊，而麥克斯還在塗色。老師叫他名字，可是他用不太客氣的口氣說：「等著就是了！」

畢德蘿太太回答：「麥克斯，我們不能這樣跟人家說話。現在就該排隊了。」麥克斯自顧自搖搖頭，繼續忙著作畫。老師的反應就是走過去把他手中的蠟筆取走，麥克斯氣得哭了，轉過身懇求老師：「求求妳，畢德蘿太太！求求妳，再給我一分鐘就好！」

情勢愈演愈烈。畢德蘿太太伸手去拿麥克斯的畫，小男孩則是把老師的手推開。她再度伸手，結果在孩子試圖保護作品的時候，畫被撕破了。這時他氣炸了，一揮掌拍在老師腿上。「那是我要畫給媽媽的！」他尖聲大叫。

五分鐘之後他被送到辦公室，依然火冒三丈，哭泣不止，這時學校的諮商師出現了，馬上就從小孩子的臉和姿勢看出怒火。她之前就帶過麥克斯，對他相當了解，也曉得孩子社交發展和情感發展的知識。她坐在小男孩身邊，把手放在他肩頭。「哦，小帥哥，你很氣夠。發生什麼事了？」

麥克斯的反應，或許有點暴力，其中卻有極大的創意和籌畫能力，頗令人刮目相看。他氣呼呼地說：「我要用魔法把她變成一粒種子。然後我要等啊等啊等她長成一棵樹。等樹長高，我要把它砍倒，然後塞進碎木機，然後把那些木屑拿來混上一點柏油，然後鋪在馬路上，然後用一部壓路機輾過去！」

針對這位小朋友的超長期復仇計畫，諮商師設法不要顯露出她覺得有多幽默逗趣；她想要避免鼓勵訴諸暴力，想協助他運用創造力去做好事。因此她花時間讓小男孩平靜下來，幾分鐘後兩人再進行對話；這時，小男孩確實能深刻理解他剛講的那一套並不妥當。生氣的時候，他就是沒法用到大腦比較細微複雜的區塊。

所以，如果畢德蘿太太處理這個狀況的方法是試圖**安慰**麥克斯，把安撫當作鼓勵合作、解決問題的工具，而不是想要控制或管理，那會如何？如果她在情勢升高之前，曾經嘗試去看見並且了解男孩的內心，然後理解到他覺得沮喪時需要有人**幫忙**調節情緒，又會如何？畢竟，他才四歲而已。如果，跟老師說再等一下的時候，她有走到桌邊試試看建立連結，或做些我們稱之為「主動安撫」的動作，又會如何？她可以說：「我曉得你「我看得出來這幅畫很重要。要給誰的呢？」接下來她可以告訴麥克斯：「我曉得你想要給媽媽做點東西。嗯。既然現在時間到了該去外面玩了，你覺得我們應該把它放在哪裡比較安全，之後可以再回來把它完成？沒錯，放在我的辦公桌上，和其他真的很重要的文件放一起好了。這樣你在外面玩，畫作受到保護不會被破壞。然後，等我們回到教室，我會確保你有時間可以完成送給媽媽的畫，讓她下課來接你的時候有個大驚喜。」如果畢德蘿太太能夠與孩子同在，保持開放覺察並且接納現狀，不僅是看進麥克斯的行為，還能進到他的內在生命裡，便能建立安撫的連結。麥克斯就不會孤立無援，反而是感到**有人加入**。麥克斯和他老師成為一體的「我們」，就能讓他從一項活動轉換到另一項的時候，情緒得以平復。這麼做可以省下時間，又能對麥克斯的大腦和神經系統（即涉及他的情緒和行為）產生不一樣的作用，最後創造出的平靜和調節，則消解了雙方互動的緊張局面。

然而，麥克斯的作為正是他應付衝突時的標準反應，甚至可說是合乎預期。他受自身強烈情緒控制，最後無法自我調節、控制身體，失去做出良好決策的能力。在那當下，老師自然無法體諒孩子的狀況，不會想到要安撫，而麥克斯的困境也得不到安慰。當小男孩應付自身強烈情緒得不到任何協助，他就把這個教訓內化；如果老師以及身邊其他大人都期待他用自己辦不到的方式來處理情緒，這些反覆互動，又會讓他強化這個教訓：**如果我因為強烈的情緒而失控，沒人會來幫我。事實上，我還會惹上麻煩**。這些經驗往往會加劇他失調與焦慮的頻率和強度。但是換個角度，如果老師當場能心領神會，帶著開放的覺察以及包容的對應方式，就能夠安撫他；他的大腦就能開始編碼一套新的行為模範：**如果我的情緒變得強烈而失控，有人會陪著我幫助我平靜下來，做出良好決策**。這些一再重複的互動，通常會減低失調和焦慮的頻率與強度。

當麥克斯再度平靜，老師還是可以處理不當的行為，並協助他養成一些技巧，像是耐心、衝動控制之類的。可是首先他需要的是協助他平靜下來，他的大腦才能從反應式的應對，轉移至接納式的應對，如此才有可能**聽見**他需要學習的功課。藉著反覆的安撫，新的期待、新的行為模範就可以在他心中獲得強化。他不再是孤單一人，會有人相伴成為「我們」的一部分。

多年來我們和眾多學校及家庭攜手努力，一再見到這樣的正面發展。一旦大人回應孩子緊繃反應的行為有所改變，就可以改變孩子的行為。蒂納和德州的一個學區共事，從以行為為依據，轉變為更強調以關係為依據的共同調節方式。他們發現，那些容易失控、激起反應的學生，如果在當場給予同理、連結、安撫及支持，而不是受到處罰，或是叫去小房間自己冷靜一下，他們可以更快速平靜下來。而且很明顯地（這並不令人驚訝），這種安撫取向的做法，長期下來，能減緩孩子的行為暴衝以及其他管教問題，無論是出現的時間、強度和頻率。

一切順理成章，不是嗎？如果你是個孩子（甚或是成年人），而你被自己受到激發的情緒反應和神經生理狀況吞沒，而且曉得最終會因自己無能為力的事情惹上麻煩，那麼你就會更加不安、憤怒、恐懼和焦慮。那種感覺真的是相當難以抵擋。不過，要是你曉得自己沮喪的時候可以得到協助，神經系統就不需要反應那麼激烈了。你可以略過學到的反饋迴路，該迴路會出現在情感突然大幅波動、導致恐懼和焦慮的時候，也就是說，只因為你發現自己正體驗到強烈的情緒，就造成恐懼和焦慮（更強烈的情緒）。若照顧者傳達給孩子的訊息是：**如果你變得完全無力抵擋而且失去控制，就會受到懲罰**，那個負面反饋迴路就會出現在孩子的心中。而我們想要孩子接收到穩定持續的支持訊息：**如果你發現自己處於無力抵擋而且失去控制的狀況，我會幫你，而且我們要一起努力讓你重拾平靜心情。你也許沒法得到現在想要的東西，但那也沒有關係。我會在這陪著你。**

安撫來自交融為一。連結是因為我們同在。如此一來，父母的陪伴就可以安撫孩子的心。

目標：邁向內在安撫

前幾章我們曾經談過，孩子生命中若是能夠覺得**安全**、**被看到**，會帶來什麼不同結果。藉麥克斯的故事，各位能明白，孩子能**得到安慰**也具備同樣力量。或換個角度來看，如果我們沒能像那樣與孩子同在，會發生什麼情況。若孩子陷入困境，當他在情感上受苦，或神經系統逼迫他做出戰鬥、逃跑、僵住或昏厥的反應時，藉著和一名陪伴在他身旁的照顧者互動，可以改善那樣的不利狀態。也許他依然覺得痛苦，可是至少不是獨自一人承受。那樣的體驗是發生於父母能夠與孩子同在的情況，孩子會有人傾聽，得到關懷照顧。從科學的角度來看，即使面對的是痛苦和危難，「在一起」會改變孩子的體驗，從獨自承擔不舒服，變成是更大整體的一部分。有人可以見證他的苦難，使他得到安慰，並取得心神相連的**人際**經驗，帶來信任感，使他建立通往療癒、減少苦難，並養成韌性的**內在**機制。互動安撫（inter-soothing）是邁向個人內在安撫的門戶。

換句話說，反覆的**互動**安撫經驗，可生成一種**內化**的能力，讓孩子需要的時候就能自我安撫。一旦孩子透過經驗學到，當自己受傷的時候會有人一次又一次陪伴在他身旁，就能學會陪伴內在自我，培養出自主安撫，並調節本身情緒的能力。孩子的照顧者給他的是人際之間的安撫，讓他能培養出內在安撫的神經系統迴路。

若孩子學會自動自發在盛怒、挫折、失望或焦慮之際冷靜下來，就是他的前額葉皮質（即上層腦）成長發育的明證。上層腦負責的是什麼呢？正是以下我們最希望孩子能具備的幾項技巧和能力：

安撫孩子可以幫助他發展上層腦，還可以促進上層腦更為精細複雜的功能。

- ✓ 健全的決策與規劃
- ✓ 調節情緒和身體
- ✓ 彈性和適應性
- ✓ 同理心
- ✓ 自我認識
- ✓ 倫理道德

換句話說，我們運用人際之間的連結和關係安撫孩子，而他們藉此學會往個人內在去安撫自己，我們給他們的，就不僅僅是有助於在高壓情況下保持平靜的工具。透過神經可塑性的力量，我們也促進孩子大腦內部的改變，讓他們發展出更為強大的韌性，並且度過更充實、更快樂的一生。

剖析內在安撫

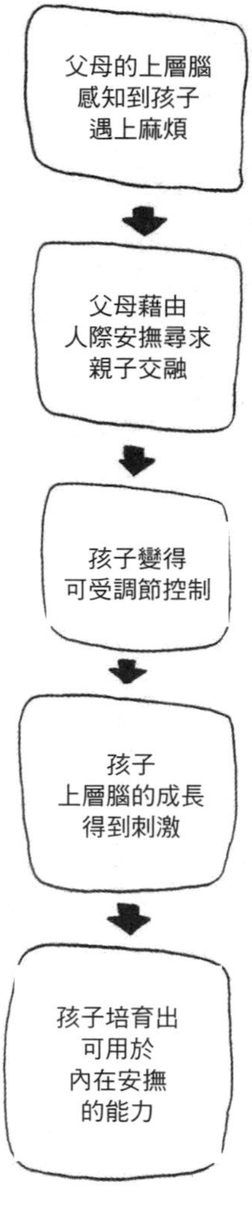

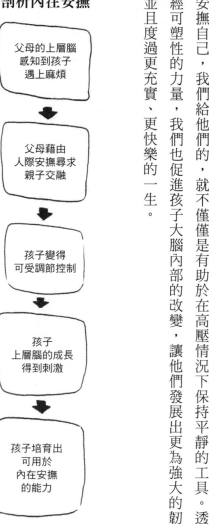

父母的上層腦感知到孩子遇上麻煩
父母藉由人際安撫尋求親子交融
孩子變得可受調節控制
孩子上層腦的成長得到刺激
孩子培育出可用於內在安撫的能力

我們強調的「自我」經驗，同時兼具**內在**及**互動**面向。如此一來，「自我」是在我們內部，於身體和大腦之中，而且是在我們之間，介於內在自我及周遭世界之間——無論那「之間」是關於與人的連結，比如父母或同儕，還是和寵物以及地球的連結。我們可藉由走到外頭吸吸新鮮空氣，藉由走到大自然，藉由撫摸寵物，藉由慢跑或游泳，找到「互動安撫」。我們的「自我」，就是用這種方法與其他人、與地球互相連結，構成一個整體。為人父母，教導孩子關於他們本性的這個「互動」面向，可以嵌入一份重要的關係意識：他們能連結到「更豐富之物」，而不只是內在、以身體為依據的自我。當代社會太常強調的孤立、自我中心觀點，造成年輕人疏離，對他們並不好，那份「更豐富之物」是個恩賜，給予一份深刻的歸屬感，歸屬於一個更加遼闊的世界。父母若與孩子同在，就讓他們能有所體驗，成為親子雙方共同構成「我們」的一部分。孩子發展出歸屬感，更勝於單獨的自我，培養出對於「關係自我」以及「內在自我」的認同。

而且，由於這些「在一起」的互動經驗，培育出孩子上層腦的種種變化，為人父母的任務將變得更加輕鬆容易。只需瞧瞧之前列舉的上層腦功能，就能了解其中緣由。想想看，孩子發展成為能時常表現出這些多樣技巧的成熟個體。長期來說，孩子能得到回報，像是人際關係更好、自我認識更清楚、做事成功，得到更全面的總體幸福。短期而言，大人和小孩都能享有更和諧的親子關係，因為孩子更會做決策、控制行為、為別人著想、理解自己，而且行為合乎倫理道德。這一切都要從安撫開始，藉由所謂的二元調節或共同調節，你和孩子組成一對，二元一體，共同努力創造出更多連結與祥和，受情緒掌控並造成破壞的事例也因此減少。

當然，目標是內在自我調節，孩子可以調節其內在心智和情緒。父母要有耐心，孩子的發展需要時間，這表示要跟孩子一起調控節制，直到他們能夠靠自己的力量辦

安撫自己的兩個面向

沒事的。
才沒有鬼呢。

內在安撫

明天的考試
害我緊張得要命。
SCIENCE

互動安撫

到。上層腦要到二十多歲才會發展完全，因此在整個兒童期和青少年期（甚至是到成年階段），孩子沮喪不安時都會需要我們安撫、鎮定。有些決定會伴隨嚴重後果與風險，考量這類難題的時候，兒童及青少年可能需要父母幫忙，同樣地，孩子也需要外部支持其情緒調節。

安撫與綠色安全區

想要理解安撫的實際機制，有個好辦法是設想不同區塊來代表孩子情緒的強度。基本概念是，一般正常的狀況，我們希望孩子處於綠色安全區，在此孩子可以好好自我克制，感到安全且一切盡在掌握之中，即使處境出現一點點考驗也沒關係。不過一旦孩子太激動（因為生氣、害怕或其他的不舒服感受，造成內在混亂，讓他們失去控制），就會進入紅色警戒區，在此孩子的神經系統把一切都升級了。或者，若強烈的情緒迫使孩子關機，整個人僵住或躲起來，則是進入藍色陷落區，在此神經系統把一切反應都調低。（請參考下方的圖，雖然

是黑白的，不過你應該可以理解我們的概念。）

孩子離開綠色安全區，不論是因為失控而進入混亂的紅色警戒區，或是關機的藍色陷落區，就算是失調了。我們可以把這個狀態稱為「抓狂」。這時，孩子的前額葉皮質，即上層腦，和做出反應的下層腦斷開，思慮周延節制良好的自我被下層腦劫走了。這個斷離狀態，就是大腦在那個時刻不再統整的基本原因——各個已分化部位的連繫一時之間斷了線。喪失統整狀態的孩子需要有人（即父母）介入，並且共同調節，好讓他們可以返回統整狀態的和諧當中，重拾對情緒、身體和決策的控制。

舉例來說，假設你們家蹣跚學步的小寶貝抓狂了，完全進入紅色警戒區，在你看來根本是無理取鬧。譬如她想要爬進冰箱，還要你把冰箱門關上，讓她確定燈泡是否會熄滅。然後你指給她看有個觸點，把門關上就會把燈也關掉，可是孩子依然堅持想要從裡面看個究竟。你拒絕讓步，而且即使你在守住界限之際有表現出同理心，孩子還是變得愈來愈激動，開始失去控制。（如果你懂小小孩，那麼你就曉得這可不是什麼天馬行空的假想情況！）

依照行之有年的老派意見，父母對於孩子亂發脾氣要視而不見。大家都說，別去注意；要不然小孩子會把這當成工具，你說不行的時候就拿出來用，予取予求。當然，你想要避免讓步，不讓孩子跨越設好的界限，或是只因亂發脾氣就做出什麼危險的事情。可是事實上，尤其是年紀小的孩童，亂發脾氣的時候往往是孩子真的失控了。雖然不是每次，不過恐怕比較像是**做不到**而非**不願意做**。而且一旦孩子變得沮喪就**做不到**自我控制的話，那麼無視他亂發脾氣還有意義嗎？在那個時刻，他也許**需要**你才能重拾控制。

回想一下，二元調節可以引動內在調節。如此一來，這些共同調節的互動促使孩子的大腦成長，可發展出更為自主的能力以調節其內在狀態。改用分區的方式來說明的話，當孩子處於藍色或紅色區的時候，和他們心神相連、並且協助引導孩子回到綠色安全區，就是教他們以後應該怎麼靠自己的力量辦到。這樣的教養法同時著重兩方面：既要創造現在的綠色安全區狀態，又要為未來的韌性培育調節迴路。藉此父母就能協助孩子養成技巧，而不是僅僅控制他們在那個時刻的行為。

此外，不論孩子是否真的無法調節自我而失去控制，伴隨來自大腦和身體的壓力荷爾蒙以及威脅信號大量湧現（即我們所謂的下層腦亂發脾氣，會這麼說，是因為在那時刻發號施令的正是大腦的這個部位），或者是孩子能夠控制自己，但**選擇**哭喊亂踢，希望可以得到想要的東西（上層腦亂發脾氣），我們的回應都一樣。守住界限，但這麼做的同時要提供支持，安撫引發的情緒和反應。父母往往會忽略一點：我們真的能堅守行為和期待的界限，同時「溫柔」對待孩子與其情緒。父母的做法，不是只有退讓，或忽略孩子不顧他們的情緒這兩種選項。我們可以先求心神相連，然後再找機會引導行為。

換句話說，你不是要把保鮮盒和牛奶和草莓從冰箱裡搬出來，騰出空間讓小女兒爬進冰箱裡。女兒需要你去安撫她，共同調節她的心情，這樣她才能回復理智，再度進入綠色安全區。

依此做法建立連結，孩子就能移回綠色安全區。而且，她就有了經驗：情緒和行為失調後，在你的協助之下可以調節克制。而且隨著孩子成長，每次她有這樣的體驗，腦部神經連結就會愈來愈堅強穩固，所以即使父母沒有陪在身旁，也能夠自動做到自我調節。這些共同調節的互動過程，讓大腦統整合一，而這正是孩子發展內在調節技巧和韌性的基礎。

我們也能這樣因應孩子行為不當。假設，你九歲大的孩子對姐姐發脾氣，把她新買的無線對講機往牆上一砸弄壞了。他還是氣得大哭大叫，完全失控，這時跟他講道理，說應該尊重私人物品或是要去跟姐姐道歉，並不會很有效果。在那種反應狀態下，他甚至沒法聽見你在說些什麼，或是弄懂你講的那番道理，而且他對姐姐的心情並**不能**感同身受。事實上，他還想把姐姐所有的東西都砸壞！之後會有時間重新導正行為的，不過，首要任務是先心神相連。一開始的回應是安撫，就能幫助孩子冷靜下來。然後，一旦孩子回到綠色安全區，你可以重新引導他的行為，並且討論要和姐姐修補關係，也許是把他的零用錢存起來，再買一組無線對講機做為賠償。你也可以更有效地和孩子一起努力，培養必要的技巧，協助孩子找到更好的策略處理自己的憤怒情緒。

建立連結然後重新導正，這個過程並不簡單。如果孩子進到紅色警戒區，或者逃走躲起來並且進入藍色陷落區，根本不想和你講話或互動，對家長來說真的是很棘手。不過，如果你在開導之前，可以先幫心情不好的孩子冷靜下來，就更能教導他，未來處理類似情況採用什麼方法比較妥當。而且，確實有時候你不能立即成功協助孩

別對孩子亂發脾氣視而不見……

妳是因為我不讓妳進冰箱才又發飆又傷心。沒錯，我懂。可是那樣不安全，我必須保護妳的安全。妳難過的時候，有需要我都會陪在妳身邊。

安撫孩子並且幫助她重返綠色安全區

子回到綠色安全區。想要冷靜下來，讓神經系統平復，需要花時間。若是這樣，你可以單純保持和孩子同在，一直待在他們身旁，如果孩子不能自行冷靜下來的話就幫他一把，這樣他就曉得陷入情緒困擾的時候並不孤單。

安撫：重要的是感覺

請回想一下「連結三要」：感知、理解、回應。這裡所說的回應，當然可以包括話語，要是能用關心、同情的語氣表達出來就更好了。如果能夠聽到爸媽說：「真的很痛，對不對？」或「我在這、我在這。」真的很能達到鎮靜、安慰的效果。確認、保證、認同，以及表示同感的用語，全都是效力強大的說話方式，可以協助安撫孩子（對青少年或甚至是成年人也都有效）。

不過大部分的安撫不是經由話語，有時，改變講話的聲調就能有效果。若你質疑孩子做的事，而他的反應是生氣、辯解並且出言攻擊，這時你的語氣會影響孩子後續的狀態，是被激起反應、深感挫折而進入紅色警戒區；還是平心靜氣，恢復控制然後進入綠色安全區。如果父母可以提供協助，讓他覺得有被聽見而且受到注意——**我懂的，寶貝。你覺得好像我沒有先聽聽你那邊的說法就開口指責**——這時的對話就更能專注在教導以及技巧養成，而且孩子發洩怒氣的時候，比較不會做人身攻擊。

其他的非口語暗示，包括了：臉部表情、眼神接觸、語調、姿勢，以及回應的時機和強度，都能夠壓制狂暴失控的情緒。這些非口語信號是人類彼此心神相連的主要方式，留意你會帶給孩子怎樣的感受，即使根本一句話也沒說。

需要安慰的情況下，觸覺特別有力量。不過，還是要依據每個孩子的本性判斷、決定他們的需要。有的人可能覺得碰觸毫無安撫效果。不過，對於大多數小孩來說，

先求心神相連，協助孩子回到綠色安全區。

然後導正行為

拍揉一下背，抱一抱或牽牽手，都有強大效果，能夠幫助他們重返綠色安全區。

打從呱呱墜地的那一刻開始，抱著小小孩就會有神奇作用，特別是在孩子心情不好的時候。最新研究發現，嬰兒受到的撫慰及身體接觸，不僅影響情緒狀態，還會影響身體的實際分子圖譜（molecular profile）。研究人員檢測一群四歲兒童，這些小孩在嬰兒時期經歷過的痛苦多於常人，而且接受較少的身體接觸安撫回應。結果顯

即使說的話一樣，你的語氣會造成截然不同的效果。

示，過了四年之後，這些孩子的生物發育落後同輩。不僅如此，研究人員發現這些不良作用可能實際改變了孩子們的生化組成，並且影響基因表現（genetic expression）——也就是在所謂「表觀遺傳性」調節之下，基因被啟動的方式。另外有些研究顯示，住院的嬰孩如果能夠被抱著的話，治癒和發展都會快得多。肌膚相親，例如「袋鼠式護理」，不僅能夠撫慰人心，也能實際治癒並促進發展。

此外，神經科學家詹姆斯・科恩（James Coan）做過實驗，預期並真正接受電擊的人如果能有一位依附對象（實驗裡是情

你的非口語提示，傳達出什麼訊息？

人），只需單純握著手就好，都會說心情比較不焦慮，甚至身體也比較不覺得痛。

即使孩子大了些，每位家長還是應該適時用些肢體動作表達親密感，不過我們還是再次強調，要尊重個人偏好。蒂納十二歲的小孩已經比媽媽還高、還壯，她當然沒法在孩子沮喪的時候把他抱起來。但是，擁抱一下，或坐在身邊雙手環抱同時揉揉背，依然能夠發揮極大功效。家裡另一名青少年也吃這一套，可是還有一位就沒辦法。一個是喜歡碰觸和擁抱，可是另一人難過的時候，蒂納曉得只需緊靠在他身邊坐著，手握著孩子的臂膀，或者是一隻手環抱肩頭就行。我們盡一切可能，想要把孩子當作獨立個體對待，給予對方在那特殊時刻所需要的東西。

講到安慰，一樣也需注意「安定四要素」的其他幾項。父母若想要和孩子共同調節情緒，協助他們平復狂亂，必須讓孩子覺得**被看到**且被理解。而且，孩子來找爸媽必須覺得**安全**，否則上述情形不可能發生。

孩子得不到安慰會怎樣？

孩子在情感上有需要，而且有一位照顧者能夠適時提供調諧一致的關愛回應，就稱為一次**隨機應變**的回應。照顧者觀察到孩子的內在狀態，並且調整到與其同頻，盡自己所能了解孩子的內在體驗，然後提出相符的回應。以上就是「連結三要」。以孩子的角度來說，孩子曉得他被理解，「感受被接住」。不僅如此，他學到自己可以信任內在體驗，能夠指望照顧者**了解**他的真心本意。本章一開始舉出的例子裡，駐校諮商師遇到麥克斯在辦公室又哭又氣的時候，就是這樣。她的回應正是隨機應變，因為她關切小孩的情緒、理解這些情緒，並且用適時且有效的方式回應——「哦，小帥哥，你很氣餒」——讓麥克斯曉得有人聽他講話有人關心他。

不能隨機應變與此相反，老師當場的反應即是如此。衝突升高，孩子開始進入紅色警戒區的時候，畢德蘿太太沒能安撫他的情緒。沒錯，她針對孩子的**行為**回應——「我們不能這樣跟人家說話」——但是她沒有注意到孩子所表達的**心情感受**。她從來不會說「我曉得，要完成這幅畫送給媽媽，對你來說真的很重要」，或是「我看得出來，你擔心時間不夠用。課間休息結束之後，我們再回過頭來讓你把畫完成」。由於沒有處理他的心情感受，老師的回應就不算隨機應變，而且四歲大的麥克斯被留下獨自面對自己的強烈情緒。如果另一人不能包容我們的內在世界，沒有試著去了解我們的內在體驗，盡一切努力以適時且有效的方式回應，我們就會感到被誤解、被忽略、不被愛，而且成了隱形人沒被看見。對這種不能隨機應變的溝通方式，自然的反應可能是發怒進入紅色警戒區，或是失望沮喪進入藍色陷落區。

照顧者的回應不能隨機應變，無法配合孩子正經歷到的狀況，孩子若不是懷疑自己的內在體驗，就是懷疑照顧者「搞清楚狀況」並伸出援手的能力。這種回應根本沒法安慰人，而孩子要如何因應感受到的強烈情緒，便出現以下兩種選擇。其一，持續覺得心煩沮喪，並且獨自承擔惱人的情緒，這往往表示他會變得更加沮喪。如果孩子離開綠色安全區，又沒人協助他處理強烈的情緒，那麼神經系統就沒有機會重返平靜，獲得調節克制。一般來說，這意味著未來如果事情不能如他所願，當他感到苦惱，其強度、持續時間和發生頻率都會增加。

在第二章「陌生情境」研究的情境中，若嬰孩和家長分開，有時研究人員會目睹所謂的矛盾型親子依附。對於這些孩子，若父母在短暫分離之後回到房間（即「重聚階段」），孩子可能會顯現出苦惱不安而要求撫慰，但照顧者不能很順利安撫嬰孩。換句話說，嬰孩並沒有準備好要接受安撫，雖然才十二個月大，孩子已經從反覆出現的經驗中學到，這位家長大概沒有**能力**安撫他。依附策略是與那名特定家長伴隨而生，而且還涉及孩子的狀態依賴記憶（state dependent memory）——那名家長在場時會誘發的影像、感覺和行為。在這情況下，孩子可能被看成是愛黏著爸媽，無法穩定下來回去玩耍。然而事實則是：這是個受人際關係影響的狀態，並不是孩子個人的特質。若換另一位家長在場，而孩子和他已形成比方說安全依附，孩子的行為就大不相同。一再重複的體驗，會形塑大腦創造心智模式的過程，因它是從孩子和那位特定個體互動的全部經驗中，建構出一個概括化基模（schema）。心智模式是人類狀態依賴記憶系統的一部分。依附心智模式是由當下的經驗觸發，如此一來，可能會和某位家長是安全依附，而和另一位則是不安全型依附。若孩子反覆經歷到父母通常的回應並不可靠，而且父母不能持續一致地滿足他的情感需求，就會逐漸形成這個矛盾型的依附模式。

過去，有的時候父母會陪伴，有的時候又沒陪。這個行為模式還包括父母受到情緒侵擾，自己的內在狀態主宰了溝通表達，因此不能隨機應變。正如我們先前說明，家長的焦慮強加在孩子的恐懼上，加劇孩子的苦惱，而非予以安撫，就是一種混淆的心智狀態。因此，對於是否能信任照顧者安撫及協助，孩子感到焦慮和矛盾。在這個動態過程當中（和具有此特定互動史的該名家長之相處狀態），嬰孩終究沒能得到安慰，並且停留在情緒困擾當中，不能迅速回復平衡狀態。這是個關係狀態，並不是孩子個人發展過程所具備的特質。

若小孩子感受到強烈情緒，卻沒有任何足以信賴的人能幫他們調適節制，他們另一個反應就是乾脆和自己的情感斷離。在陌生情境實驗當中，這導致依附研究人員在重聚階段所稱的迴避型依附反應。若嬰孩學到，他們的需求無法在隨機應變的回應之下得到解決，就會出現這個關係模式。事實上，需要安撫但照顧者卻不能提供，他們把這個現實內化了。所以，即使已觸發與生俱來、直覺的依附需求（心率上升以及其他的壓力生理測量數值可看得出來），藉著建構與這位情意疏離家長的依附模式（即迴避型依附），孩子適應了來自照顧者的常見回應。這通常表示，孩子不會顯現出自己的苦惱，甚或不會請求來自父母的情感回應。在重聚階段，當父母回到房間的時候，這名嬰孩並不會要重建連結，也不會因為照顧者離開房間所感受到的痛苦，而尋求安慰。而且同樣地，照顧者並沒有提供任何撫慰，鮮少注意到孩子的內在體驗。孩子只是保持專注在玩具和外部世界，就和他爸媽一樣。我們可以見到，在這樣的關係情境下，依附策略著重在行為和物品的世界，而非心靈的感受、思維或回憶等內在狀態。

這兩種依附策略都源自照顧者不能安撫孩子，不論是繼續處於情緒困擾的矛盾型依附，或者是要與自己感覺脫離的迴避型依附，都會造成孩子不能發展出豐富且有益的情感生活。那可能表示：難以看見自己的情緒，然後也很難做到安撫自己。在一個完美的世界裡，父母會藉由在孩子難過時提供調諧一致、敏感、適時且可預期的照顧，幫助自己孩子培養出安全依附關係。若孩子擁有值得信賴又能隨機應變的人際連結，就能發展出安全依附。在「陌生情境」實驗中，展現出與父母有安全依附的孩子，指望這類安撫，因此在重聚階段，他們會表現出難過的情緒，並且去找照顧者，然後很快得到安撫，回去玩耍。他們覺得很有安全感，下次需要的時候，父母會陪伴在身旁安慰他們。不幸的是，僅有稍過半數的孩子從主要照顧者得到這種持續、隨機應變的照顧；有太多孩子無法擁有如此的安全感。

安撫**不是**要你去寵孩子

我們在提出一些實際的安撫建議之前，先強調我們並**不是**說，孩子想要什麼就給他什麼。家長有時會以為我們是在鼓吹放任式教養，界限很少，而且讓孩子當家作主。我們可**不是**這麼說。

我們十分相信要給孩子設定清楚、堅定的界限，甚至期待孩子能符合高標準，

沒有規則的世界

規則提供安全圍欄

即使你不贊同某些行為，要肯定孩子的真實本性以及他們的感受。

尤其是關於尊重自己、尊重別人的課題。孩子需要曉得別人對他們有什麼期待，需要曉得怎樣做沒問題，怎樣做不可以。這有助於讓他們感受到這個世界是可預測、且安全無虞的。

此外，孩子需要把「不可以」這個詞內化，要能習慣聽到這三個字。這會讓他們有機會練習踩煞車，停下來。畢竟，這個世界絕不會一直都對他們說「可以」。

不過，雖然這麼講，即使你不贊同某些行為，也要肯定孩子的真實本性以及他們的感受。父母**當然**要設定界限；肯定孩子的真實本性，但並不表示應該讓他們在餐廳亂扔薯條。我們想說的是，即使是在處理不當行為，都要極度重視彼此的關係。設定界限是愛孩子的表現，但是我們採用的方式要能傳達出愛與接納，雖然不能接受行為，但是接受孩子本人。

譬如說，假設你讓七歲大的孩子玩得晚一些，因為哥哥帶了朋友到家裡來玩。可是他該上床睡覺的時候到了，孩子大哭大鬧不願就寢。你大感挫折，可能很想做出以下嚴厲回應：「我已經讓你多玩久一點了。有什麼好哭的？多給你三十分鐘應該感謝我才對。現在就去睡覺。」此外，你也許甚至會脫口而出說：「你再鬧，那下回連多給的時間都沒有了。」

實際上，每位家長在盛怒之際都會講出類似的話。心煩的時候，大家都會用自己根本不願意（而且最好沒讓鄰居聽到）的方式去處理狀況。可是請注意，這樣的回應，可能無法幫助孩子恢復心情，他恐怕會更進一步進入紅色警戒區；若要讓他適時就寢，也可能完全發揮不了作用。現在他會哭得更厲害，意味著將會比之前還更晚入睡。此外，睡前的鬥爭往往會讓家長也進入紅色警戒區。有時我們最後只好用吼的「去睡覺！」不是很諷刺嗎？就好像有人對你怒吼著該要去睡了，就真的能夠馬上入睡似的。爸爸媽媽常會做出這種事，真的很好笑，出於我們自己被激起的反應，總是毫無建樹，往往反其道而行！

與此相反，安撫的回應不僅更富關懷、更具同理心，還確實比較有效。它會讓你守住和孩子講好的那條線，不過採取的方法是承認孩子的感受，**並且**協助他冷靜下來能夠上床睡覺。你也許可以說：「我曉得你真的很失望。你不想要錯過玩樂的機會。我知道當其他大哥哥還在玩的時候得要上床睡覺，真的很難。相當不容易，對不對？」然後你可以稍稍停頓一下，再繼續說：「失望的感覺不好受，我知道。讓我幫你把被子蓋好，我們討論看看什麼時候也可以請你的朋友來家裡過夜。」這樣的回應能夠隨機應變，滿懷疼惜，又尊重了規定和體制。

別一直命令要求……

而且別輕易讓步……

鞏固界限，
但要安撫。

你得要字斟句酌，選用感覺起來適合你也適合孩子本性的用語。確定說話語氣和非口語的表達都要展現出同理心，並且試著別訓斥或發表長篇大論。只要能夠和孩子同在，停頓一下，說幾句簡短而同理的話，往往要比訓斥或者過度解釋更加有效。

安撫可運用各種方式處理；重點在於，**即使在安撫的同時依然能夠堅守底線**。就算是你沒有讓步，還是能夠在情感上陪伴。換個方式來說，你想要優先確保親子關係。至於行為層面，大多數其他事情都可以稍後再來處理。該教的還是必須教，但是用的方法會珍視親子關係，並將它列為優先考量。

DO IT

爸媽可以這樣做

協助孩子培養自我安撫的能力

本章一開始就說過，當孩子心裡難過時，做家長的要能依據情況回應，主要目標之一是讓孩子有機會培養能力，進行自主的內在自我安撫。若孩子情緒崩潰了，或輸了比賽在生悶氣，或因學校什麼事情感到焦慮，父母可以讓他們反覆體會到來自人際互動的安撫，一起努力重拾平心靜氣，並回到綠色安全區。另外有個類似的處理方式，那就是懂得「克制」或「保有空間」，讓孩子能安全地表達強烈或惱人的情緒或想法，爸媽不用起反應。因此，孩子培養出一種內化的能力，當他們面對障礙且感到不安時，就能安撫自己。現在我們安撫孩子，藉以培養他們安撫自己的能力，之後有此需要而父母不在身旁的時候就能派上用場。而且，孩子將更會安撫朋友、兄弟姊妹（這是常有的事！）長大後有了伴侶，甚至自己也為人父母，也更具備安撫力量。

除了穩定持續陪孩子，在他們需要的時刻予以安撫，最好的做法是提供幾樣特殊工具，當它們快要陷入內在混亂，可以用來創造心中的平靜祥和，打造內在自我安撫的神經系統迴路。以下就是我們建議的幾個策略。

策略1　鎮靜心情的內在工具

之前我們提過「主動式安撫」的概念，也就是別等情緒混亂到頂點才去處理，在過度強烈之前，你就應該留意有什麼辦法可駕馭反應式的因應。如此一來，你可以協助孩子一開始不會偏離綠色安全區太遠，同時也養成情感調節和韌性的技巧。建立一套鎮靜心情的工具正是如此。在**事前**和孩子共同努力，想出一些簡單的策略，當他覺得要進入紅色警戒區或藍色陷落區的時候，可拿出來運用。

首先，和孩子談談這個概念，人生之中難免會遇到不如意或挫折的情況，而我們沒有必要一直覺得無助。我們可以是解決問題的人，預先設想並且提出步驟，覺得快要被強烈的情緒掌控時可以採用。

你和孩子可以一起發想特定步驟，以下則是我們的建議。

．打造「靜心小窩」

有的時候我們只需離開，自行移出高壓情境。孩子的面對方式也和大人一樣。當他們感受到強烈的情緒掌控一切時，若能有一個地方躲避等待恢復，會是重返綠色安全區的極佳工具。挑一個孩子覺得平心靜氣且鎮定的時刻，花幾分鐘造一處「靜心小窩」，下次他難過失意的時候就可以躲進去。

客廳裡一頂小小的帳篷就能吻合目的，櫃子的角落，或一塊布蓋過的小桌都行。你和孩子可以在小窩裡放滿喜歡的填充玩偶，柔軟的枕頭和毯子，幾本書，一副耳機，幾罐黏土，或是其他能撫慰孩子的東西。孩子參與建造，可讓他擁有自主能力；而我們要盡量讓那塊區域只有正向的事情。如果你把孩子送到那個地方處罰，那就不再是能安撫人心的所在。反而是在孩子心情不好的時候，你可以利用，像是提供特別待遇：「要不要去你的靜心小窩待一待？如果你覺得會有幫助的話，我絕對支持。」或是：「現在你需要什麼才能感覺好些？要不要拿些點心送到你那個特別的靜心小窩去？」重點在於，要協助孩子設置一塊他能夠感到輕鬆自在的區域，

靜心小窩

曉得當他覺得快要發脾氣的時候有個地方可以去。

．挑選舒心的音樂

如果能有一首歌，孩子心情低落時可以唱唱、聽聽，將是另一個值得納入的自我安撫工具。每位孩子挑選的歌曲都不太一樣。你們家的孩子也許覺得古典音樂能讓人鎮定，另一位小朋友可能喜歡摩城音樂（Motown），或丹尼爾的兒子亞歷克斯．席格（Alex Siegel）所寫的那些細膩複雜又歡快的樂曲（請體諒驕傲的老爸在此推薦！）有些孩子會對森林、海邊的聲音，或引導式觀想很有感覺。你的孩子甚至可以幫忙建一個歌單，當他需要協助讓自己平靜下來時就可以去聽。這麼一來，他就可以一首換過一首，聽些不一樣的曲子和風格，總會找到某一首歌能夠壓制內心的混亂。甚至光是戴上耳機挑歌的舉動，就能幫他主動跨出自助的一步。

音樂可以鎮定內心的狂野之獸

．編一套釋放能量的動作

我們還可以教孩子動動身體，這算是最棒、最簡單的自我安撫訣竅。跳舞、原地跑步、揮拳、盤球、轉圈圈——只要能動動身體，都有可能降低神經系統警醒度。身體的動作直接影響到腦部活動。事實上，身體一直發送訊息給大腦，包括和情緒相關的訊息。感到焦慮的時候就會胃痛，或者生氣時咬牙切齒，或者極度警戒時肩部緊繃，想必你已經從這些時刻了解上述說法。身體發出訊息，不管我們是否在意識層覺察到這些情緒。

起身動一動，可以完全改變一個人的情緒狀態。憤怒、挫折、緊張，以及其他負面情緒得到釋放，就可回復情緒平衡。換句話說，動作能夠安撫身體，以及身體所感受到的情緒。

這是個簡單的概念，就算是年紀

還記得嗎？
上回做這些開合跳
妳覺得心情好多了。
讓我們再一起
跳跳吧。

很小的孩子也可以教。我們認識的一位媽媽，聽到我們這麼說，就開始經常帶孩子做各種活動。據她說，先承認孩子的感受並且讓他們感到媽媽的同理心，這可是關鍵所在，然後馬上讓孩子動起來。她也許會要孩子繞著屋子跑，或者說「跟著我到後院來。我好像聽見昨天看到的那隻鳥來了」之類的。只要能讓孩子使用肌肉動動身體，不管是什麼方法都行。她的孩子還小，各是三歲和五歲，而且她跟我們說：「等孩子們長大些，我想勢必得要改變這個策略，可是現在嘛，要他們動動身體會比其他做法更能克服受傷的感受。」

就如同別種技巧，這個方法不見得每次都見效。它只是工具組裡的其中一項，不過一直都能協助轉變孩子的狀態。而且，如果孩子了解你的做法，當他需要的時候，自己就多了一個策略可用。到了青少年階段，他甚至可以理解：心情不佳的時候，最好就是能夠出去跑一跑。

・擬定一個「呼救信號」

最後一個工具，是要教孩子不是**一直**都需要使用這些內在的自我安撫策略。他們並不是只能靠自己。事實上，無論孩子幾歲（甚至是成年人），必要的時候尋求協助，就是自助的最好辦

法。人生的路途上，往往需要別人幫忙調節個人的內在狀態。不管年齡大小，這種共同調節可在親密的人際關係中找到。年紀小的幼兒特別需要外部安撫，但是我們每個人都需要可供調節的內在資源，也需要人際互動的調節，在內外之間取得平衡。

有些時候我們需要有人伸出援手。也許只是講講話聊一聊，或是哭一哭，或是抱一抱。正如前文所說，孩子還小的時候特別有這類需求，他們需要父母在身旁，見識到安撫的真諦。不過就算他們成長、發育，還是會有很多次遇上心情低落，難以克服。所以，知道何時需要尋求協助相當重要，必須積極培養這種能力。

和孩子討論如何留意自己內心的感受，並且解釋在有需要時尋求協助的重要性。藉此，可以同時關注安撫的內在面向和互動面向。也許你的孩子特別擅長在這類情境當中說出自己的需求。如果是這樣的話，和孩子一起努力，合作創造一個「呼救信號」，可能是文字代號，用來表示：「我需要幫忙。我不曉得現在要如何讓自己鎮靜下來。」也許是某個詞讓孩子覺得聽起來很好玩，像是「波森莓」，或是拼湊出來的可笑用詞，也可以挑個比較普通的詞像是「紙板」。甚至可以不用文字，而是採用非口語代號，譬如當孩子拉耳垂，就是在跟你說：「我需要幫忙。」

用什麼方法傳達並不是那麼重要。關鍵在於，孩子曉得，學習內在自我安撫的某些時刻，依然需要父母的陪伴來獲得互動式的自我安撫。

你教會孩子內在以及互動式的兩種自我安撫方式，最明顯可見的回報就是：當他們進入青春期和成年期，面臨困難、和痛苦的時候，更能靠自己好好應對。提供孩子各式安撫、鎮定的策略，用來處理情感的痛苦不適，就讓孩子擁有自主能力，這又是另一項重大好處。孩子曉得，當自己快要失控了，手邊就有一些特定的策略可供運用；不論是個人內在的，還是需要與外部互動，人的一生兩者都需要。當他們幾乎要被紅色警戒區的怒火掌控，或被藍色陷落區的烏雲籠罩只想關機躲起來，就能採行特定步驟，不再任由個人情緒及外在環境支配。

以上的一切也都能夠應用到成年人身上。說不定你也會想在衣櫃後頭清出一個空間，放些巧克力，當作個人的靜心小窩。

策略2 提供「平和五元素」（P-E-A-C-E）

父母若是想要陪在孩子身旁，並且表現出愛和撫慰，這麼做就對了——你可以給孩子「平和五元素」（P-E-A-C-E）：身心同在、投入參與、情意充沛、平心靜氣、同理共感。

每個元素分別代表著一個重點，讓我們知道如何陪伴孩子因應情緒困擾的時刻。

Presence　身心同在
Engagement　投入參與
Affection　情意充沛
Calm　平心靜氣
Empathy　同理共感

平和五元素（P-E-A-C-E）

・身心同在（Presence）

孩子傷心的時候，我們要陪在他們身旁，而且身心都與孩子同在。我們整本書一直在談這個觀念，當孩子承受某種痛苦需要父母協助，這件事更是無比重要。身心同在，表示一種開放的覺察狀態，一種包容的存在方式，尋求心神相連。在這樣的思維模式下，我們不去評斷孩子，而是要看見孩子，儘可能看得愈清晰愈好，見到孩子的真實本性。我們本身可以被孩子看到、找到、用到，對孩子開放且包容，而且孩子曉得自己就是父母的第一優先，他們並不孤單。

有時孩子得要等到你下班回家，或如果你出差的話，可能必須透過電話才能講得上話。但孩子曉得，如果需要，你就會在他身旁。

請記得，身心同在也表示要與孩子調諧一致、與當下情境調諧一致，你可以認出有某些時刻，孩子並**不**想要你人在他身邊。你最好是說：「現在讓你有些空間好了；如果需要的話，可以到廚房來找我。」那麼一來，重點在於你願意在場，而且真能發揮功能。孩子永遠不會懷疑你是否在乎，或需要的時候你會不會陪在他身旁。

‧投入參與（Engagement）

「平和五元素」的第二項，就是你陪伴孩子要真正投入。身心同在要有**方法**，你要能主動傾聽，用言語之外的溝通方式，表達出孩子對你是多麼重要，你是多麼關心、重視孩子跟你講的話。你要有眼神接觸。你要點頭表示贊同。孩子哭泣的時候，你要伸出手來摟著，或是抱起來。你要能身心同在，而且要全心投入一起感受，不試圖說服，不輕描淡寫，不說教訓斥。

有個練習法可幫助你記下非口語溝通的多種連結方式。拿出你的雙手，從上而下，

孩子需要你的時候，陪在他身旁。

多種非口語溝通方式

分別指出七個非口語信號，提醒自己即使一個字都沒說，依然有很多方法能夠參與孩子的內在歷程。一開始先用食指繞著臉畫個圈，代表臉部表情。然後指向眼睛，代表眼神接觸。現在，指向喉嚨，代表語氣。現在，指向肩膀和身體，代表身體姿勢。動動手掌和雙臂，代表手勢動作。指向手腕（戴手錶的位置），指的是回應的時機。最後，雙手握拳，表示回應要有能量或強度。

若是需要參與孩子的內在歷程以協助安撫，我們可採用的方法幾乎無窮無盡。只需找出最能得心應手發揮功效的策略即可。

·情意充沛（Affection）

所謂完全投入參與，就是我們找出能夠表達情意的直接與間接做法。運用語言還有行動，來傳達出自己是多麼疼愛孩子，同情孩子的遭遇，會盡量提供協助。

不論對象是小孩還是成年人，安撫一個人最強而有力的方式，就是要讓那人感受到完全、絕對的愛。

．平心靜氣（Calm）

「平和五元素」當中最困難的一項，往往是保持平心靜氣。某些情況下，我們可以平心靜氣，例如說，孩子不喜歡遊戲區的規定，這和你個人沒有什麼直接關係。可是如果孩子保證已經為考試做好準備，分數卻不及格，或是親子發生衝突，導致孩子在言語行為上攻擊你，那麼我們就真的很難平和面對。這種情況下，**父母**自己要能一直待在綠色安全區內，更加重要。親子關係當中，你必須做好成年人這個角色。當然，你也會失望沮喪；在對的時刻用適當的方法表達你的情緒，也沒有錯。不過，當孩子的表率，示範說出自己的感受而不需攻擊別人或失控，孩子愈是能學到情緒管理，以及人際關係中的體諒與尊重。

孩子在情緒低落時，若要幫助他平心靜氣，我們愛用的技巧就是蹲低身體講

孩子難過的時候，表達你的情意。

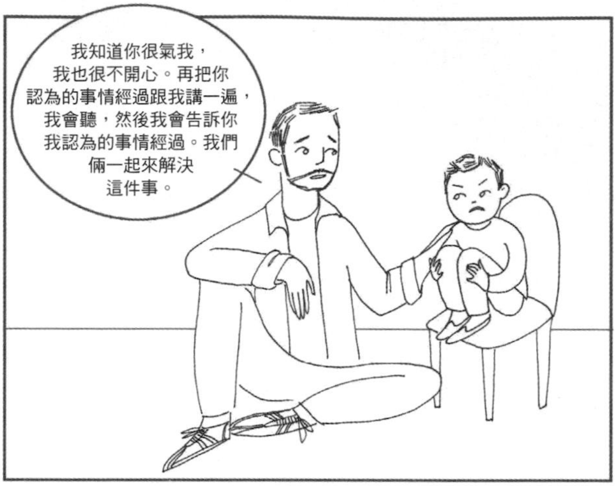

衝突當中，要能平心靜氣。

話，差不多略低於眼睛高度的位置。這樣做溝通，對親子雙方來說都是表明無意造成威脅。請記得，「威脅」若是以任何方式傳達，孩子的腦部就可能進入威脅反應模式。父母的身體姿勢不帶威脅性，輕鬆地坐在低於孩子視線的位置，就是傳達出「沒有威脅」。孩子會曉得他不需要維持防禦，不需要作戰，而且可以放下鋒利的言辭和防禦的行為。

降到低於視線高度，並不是採取順從的姿態。在這個情況下，你的身分可以是、也應該還是家長。這只是個策略性的身體姿勢，利用人際互動調降孩子的神經系統，就像是你把緊繃的反應調低。有時甚至可以想像成慢慢把音量旋鈕調小，也會有所助益。透過姿勢以及身體語言，就能傳達出自己並不是個威脅，即使你和孩子對彼此感到沮喪難過，依然會陪著孩子。當我們運用不帶威脅的身體語言時，所觸發的神經網絡和處於攻擊、逼迫的姿勢時完全不同。腦部收到從身體傳來的訊息，表示狀況安全而且不需戰鬥。

・同理共感（Empathy）

「平和五元素」的最後一項是同理共感，也就是說，即使你並沒有經歷過別人的境遇，仍對那樣的經驗保持敏感，以至於能夠**感同身受**。同理共感還有其他面向，像是換位思考、認知上的理解、同喜且同悲。在一個關愛、安全依附的親子關係當中，同理心源自家長能夠調諧一致，讓孩子覺得**別人懂他的感受**。尤其結合身心同在、參與投入、情感充沛還有平心靜氣，就能創造最佳環境，讓孩子走上坦途回到綠色安全區。

痛苦之際，展現出同理心。

給爸媽的融貫敘事練習

照顧到你的內在風景

生命如此美好，然而有時我們也會遭遇痛苦與艱難。每個人都得要面對障礙與困難，挫折與心碎時刻。有些時候遇上挑戰，需要投入力量和勇氣。珍視的關係結束了，遭逢毀滅性的損失，健康、事業、家庭、經濟，或其他重大生命境遇的艱困變化，都會撼動我們。

夠幸運的話，當我們成年後擁有依附對象，也就是家庭、伴侶以及／或朋友支持系統，協助我們度過大多數的艱困時光。而且，有些人在幼年從照顧者得到安全依附，得以擁有統整的神經迴路，具備力量和韌性來平安度過人生風暴。腦部發育的同時，我們因某人而覺得安全、被看見且得到安慰，而如今我們擁有安全依附模式，因此面臨困境，我們曉得自己可以克服，即使此時只能忍耐求生存。

不過，有許多人，差不多十個當中有四個，小時候**沒**能那樣茁壯長大，沒有可確保安全或可讓我們覺得被看到的那類家庭。有些人因為反覆無常的依附經驗，沒能培養出內在的自我安撫方法，反而更依賴其他靠不住的人。在這種矛盾型依附狀態中，養成的策略是增強追求連結的驅力。至於其他人，則是擁有迴避型依附經驗，以至於必須培養出某種內在機制，來減低尋求連結的驅力；

講白了，就是不僅要和自己的內在世界隔絕疏離，也和其他人斷開人際關係的連結。而且，帶著迴避型依附，覺得痛的時候會獨自一人承擔。生氣、失望、受傷或遇上任何苦難的時候，都沒人陪伴在身旁安撫。我們得要靠自己的力量應付生命的挑戰。

若是紊亂型依附，照顧者就是恐懼之源，我們的內在感受有一股驅力要尋求照顧者的保護，但另一股驅力則要遠離那人，以避開苦難的源頭。如此斷裂不連貫的經驗，導致一種解離的內在狀態，尤其是承受壓力的時候。在紊亂型依附的經驗中，對何者可信任為真的理解，都會四分五裂。

花點時間想一想你的個人經驗，尤其是感到難過時要怎麼做才會平復。是否有照顧到你的內在風景？檢閱以下幾個問題，不論是過去還是現在的個人經驗都要考慮到。愈是能夠清晰明白自己的過去，愈能在自我認識及親子關係方面獲益。

1. 你小時候感到心情不好時，是誰會陪在身旁？是否有父母或照顧者以「平和五元素」陪伴你，有沒有留下什麼特別明確的回憶？
2. 如果難過的時候能和父母調諧一致，有哪些方面會讓你想要傳給自己孩子？
3. 若你兒時缺乏這類照顧，你如何學會應付父母不在身旁的情況？是不是大多只能一直沮喪，最後只好大聲宣洩？是否學到要否認自己的感覺，並忽略情緒的重要性？

4. 如今，長大後的你，如何處理心情難過的時刻？當你在應付耗神費力的經歷時，是否有人支持鼓勵？你是否一旦離開綠色安全區就很難返回？當你生氣、難過或失意的時候，是不是更容易感受到紅色警戒區的情感洪流（被情緒掌控），或是藍色陷落區的情感荒漠（關機封閉並忽視自身內在狀況）？

5. 孩子傷心受苦的時候，你身處當下的程度如何？是否能把你的「平和五元素」帶給他們？孩子是否能指望你會身心同在，帶著投入參與、全副情感、平靜祥和與同理心陪在他們身旁？或者，孩子是否會被留下獨自處理遇到的困境？

6. 有的時候你是否會被孩子的情緒糾纏，反而放大他們的痛苦？換句話說，你是否火上添油，而不是共同調節？

7. 花點時間，一個接一個具體考量每位孩子的狀況。每個孩子都該有個心理圖像，代表他們難過時的模樣。你對孩子相當了解，應該知道最可能的原因是什麼；也許你們家有一位特別敏感的孩子，很容易就變得過分激動；或者有位大孩子正因為螢幕時間或就寢時間的限制而不高興。思考一下如果事情沒法順他們的意，他們會有什麼感覺、會怎麼想？你要如何回應？考量你自己小時候的經歷，怎麼做才能最有效把「平和五元素」帶給孩子？你是否能適時在場，全面投入，表現得更有愛、平心靜氣，或更同理共感？下回孩子需要你的時候，你想怎麼達成上述目標？

即使（也許特別是）在孩子狀況最糟的時候，陪伴孩子就是和孩子待在一起，那正是孩子最需要你的一刻。因此，花時間做內在反思，徹底了解自己現在的真實狀況，並且發展成一個融貫敍事，述說人際關係如何形塑之前的你，就能在此生努力求得並且學到安穩感。此外，我們同時學習新穎的、有益的安撫技巧，透過與自己內心以及和他人的連結，達到平靜的情緒狀態。因此，你就能夠把「平和五元素」帶給孩子；他們長大成為青少年、成年人，就會曉得被照料且得到安慰是什麼感覺，也會學到如何為自己、為所愛的人提供那樣的關愛照顧。

CHAPTER 6

彙整安定四要素：

讓孩子覺得安穩

現在我們來到「安定四要素」的最後一項，針對的是全書一直努力的目標：在孩子心中創造出安穩。一旦孩子覺得安全、被看到而且得到安慰，就能有安全的依附關係而感到安穩。

我們來看一個父子衝突的例子。主角是爸爸賈莫和十二歲的兒子克雷。克雷參加童軍團，剛結束為期一週的露營活動回來，為了慶祝此行順利成功，夥伴們決定要一起去看場電影。這些男孩選了一部R級片，賈莫上網查了一下，很顯然不適合他十二歲的兒子觀賞。賈莫和別的家長談到這個選擇，好幾位家長有疑慮，卻都回應說：「我也不喜歡那部片，可是其他男孩子都會去，所以呢……」賈莫也不想讓克雷錯過和好友歡聚的機會，可是他毫不猶豫做出決定：克雷不能去。

正如預期，克雷氣壞了。他落入紅色警戒區的混亂，首先表現出來的就是震驚。「真的假的?!可是**每一個人**都會去啊！」接下來，他對爸爸大發雷霆，吼道：「你還記得自己小時候過得多自在嗎？就只有我不能去！真不敢相信你要讓我被晾在一旁！」賈莫試圖解釋，甚至答應可以在同一時間帶他到同一家戲院去看另一部電影，這樣就可以在看電影的前後跟朋友碰面。不過，克雷對這個「愚蠢」的解決方式一點也不動心，再次攻擊爸爸：「你都不夠關心我，沒有試著要了解。」說完，他就轉身回到自己房間，用力把門甩上，這下談也不用談了。

這樣的狀況真是相當棘手。我們不想讓孩子錯失和朋友去看電影的樂趣，但有時為了確保孩子的安全，我們得跟孩子說不可以。賈莫曉得自己做的是正確決定，他知道克雷還不適合接觸那部電影；但是，兒子覺得被剝奪和朋友相處的重要機會，而且一直對爸爸氣得要命，賈莫覺得很不好受。

過了幾分鐘，克雷又走出房間，顯然還想多發洩一下。他一下子擺出哀兵姿態懇求拜託，一下子嚴厲指責爸爸。賈莫做了決定就堅守立場，他知道沒有什麼好退讓，重要的是：保護兒子，同時確保親子關係。他一再避免上鈎，沒有展現出克雷的那種反應，因為那只會一切更激烈——克雷到後來開始做人身攻擊，還說爸爸不懂，是因為小時候根本就沒有朋友。

面對如此的言語猛攻還能保持冷靜，賈莫是怎麼辦到的？方法就是專注在「安定四要素」的另外幾項要件。他的首要之舉是**看見**兒子，了解怒氣從何而來。克雷的確有好理由生氣，賈莫也是這麼跟他說。（「這我懂，小子。被看成是不合群的怪咖，一定覺得很糟，甚至丟臉。」）他也帶著好奇心處理這個狀況，並沒有被激起反應，因而能夠心生同情，即使克雷一時氣憤出言頂撞。如此一來，他在場就能提供**安撫**，而不是去和兒子爭辯，回擊說：「這事要由大人決定，可沒問你的意見。我們這又不是在搞民主！」而且他沒有用老派的威脅方式，讓整件事都毫無彈性：「講話注意一點，年輕人。如果你再一直這樣無理取鬧下去，那就會被禁足很長一段時間。」做家長的很容易就回嘴反嗆，因為我們覺得受到攻擊就會起而反應。賈莫如果走這條路，克雷根本不會心安或冷靜下來。他的神經系統會一直處於激動狀態，而影響彼此的關係，造成雙輸。

然而，賈莫一直謹守立場，保持著成熟且自律的成年人，容許克雷表達自己的見解。賈莫專注於提供「平和五元素」（身心同在、投入參與、情意充沛、平心靜氣、同理共感），說些像是「我曉得你很失望」還有「我不會怪你這麼生氣」。

別被激發的反應牽著走

拿出你的「平和五元素」

從小到大，他早就教過克雷規則和界限。他曉得兒子被激起反應，一時之間不禮貌發洩怒氣，那並不是平常和爸爸說話的方式。用上「平和五元素」，克雷能有時間處理並克服激烈的情緒，爸爸成功安撫孩子回歸綠色安全區。

從決定不讓孩子去看那部電影，一直到最後緩和火爆情緒，賈莫為兒子做了什麼呢？他提供了「安定四要素」的前三項，克雷是安全的、被看到的，並且最終能獲得安慰，賈莫也把第四項要素「安穩」，帶給了兒子。即便在生氣不高興的當下，爸爸也做了模範，展現出父母提供安全的依附關係：即使得做出討人厭的決定，還是要保護孩子安全；就算是孩子生氣怒罵依然在看在聽（劃設界限，有時就是在溝通過程能彼此尊重）；而且當孩子難過的時候，父母會努力安撫並提供「平和五元素」。

一旦克雷冷靜下來，這些教誨可被內化，並且和賈莫展現愛與陪伴的時刻累加在一起。因此，克雷持續培養與父親的安全依附，同時發展出力量和韌性，在生命中擁有對內在力量的體會，以及對人際關係的理解。

這個動態過程帶給孩子們安穩，久了之後，孩子其實會比較少依靠父母。人際關係一直都很重要，即使穩固的個體也要依靠別人，並在與別人的連結之中找到重要意義；當孩子長大，若能擁有安穩，就愈來愈沒有**必要**凡事依靠某人提供「安定四要素」的其他要項。孩子的安穩感將會成為為其身分認同的總體心智模式，而且擁有內在資源來確保**自己**安全無虞，看見**自己**的價值，事情進展不順的時候能安撫**自己**。

換句話說，孩子較能預期且持續覺得安全、被看到且得到安慰（這種狀態如有阻滯也得到修補），心理就會有一個安穩感的**內在運作模式**（internal working model）。「運作」表示它依然接受改變，而且，這個模式可於人類心智功能的多個層次發揮作用。它直接形塑我們在世上如何看待自己，如何學習調節個人的情緒，以及如何和生命中的其他人相處交往。因此，孩子發展出一個基模——以反覆出現的經驗為基礎形成一套概括架構——表明「我的內在生命值得被看見」，代表了這樣的內在價值：「我的內在世界，我的感受、思緒、夢想、渴求、對事物的理解、個人本性的生命故事，全都很棒，值得與他人分享。」這即是安穩。上述例子，賈莫就是在兒子克雷身上建構這種內在運作模式。

讓我們再看看另外一個例子。我們經常發現，孩子表現出挑釁行為，並不一定是她心情不好，而是在測試界限。也許是三歲大的小朋友，一直打還是小嬰兒的弟弟，卻不是在亂發脾氣的時候動手，看來似乎**毫無緣由**。我們經常被詢問這種情況要如何回應，雖然每個孩子都不一樣，但家長可以做的就是「安定四要素」。

舉例來說，家長可以提供安全，保護小寶寶弟弟，也同樣保護大姊姊。你也會努力真正看見三歲的女兒。帶著好奇心「追根究柢」面對這個情境，你也許會了解，她其實是要引起你的注意，或許是小寶寶占去你太多注意了。那麼，看見了她的需求，不論是要求你的關注或其他，你就能理解，並依據你所觀察到的狀況做出回應，同時

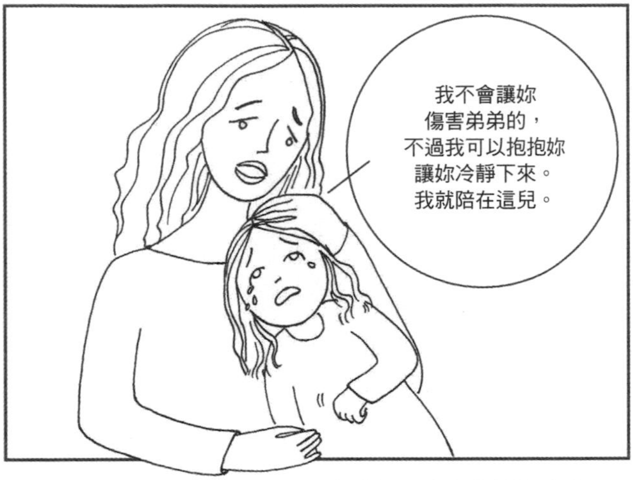
我不會讓妳
傷害弟弟的，
不過我可以抱抱妳
讓妳冷靜下來。
我就陪在這兒。

設定界限的時候傳達你的愛，有助於創造出安穩的感受。

設下清楚的界限。

最後你會安撫小女兒。或許可以跟她說：「在我們家，每個人都要安全才行。我不會讓妳傷害弟弟，所以我要幫妳把心情平復下來。我們可以去妳靜心放鬆的角落，或者我可以在這兒抱抱妳。」

你會讓女兒曉得，如果情緒十分激動，或覺得需要挑戰極限卻不能自我控制，她依然可以在你的關愛之下覺得安穩。不管是什麼事讓她生氣，驅使她去打小弟弟，你會安撫她的情緒，同時保障兩個孩子的安全。而且你一定會持續陪伴，看見她的需要，並且用適時、敏感、合乎預期的方式回應，她就能培養出一生受用的安穩感。

簡而言之，擁有安全依附的孩子，

就是幸運能得到安全的依附內在運作模式的那些人，發展出來的人格特質和技巧讓他們活得更快樂、更成功。安穩的好處是相當驚人的。

安穩的好處：

⇩了解人際關係的重要性
⇩獨立且客觀，即使是和他人連結之際
⇩面對壓力具有復原力
⇩情緒和身體都得以調節
⇩自由反省過往經歷，把過去和現在整合成適用的計畫，為未來做準備
⇩有能力做出調諧一致的溝通表達
⇩彈性和適應力
⇩同理共感
⇩個人省察以及開展豐富內在生命的才能

即使父母和其他依附對象沒有陪在旁邊，安全依附孩子的這些特質已內化在個人

身上。從神經可塑性的觀點來說，反覆得到安穩的經驗改變了大腦，並且培養了孩子關照個人內在及人際關係的技巧和特質，讓孩子能在人生中找到更多歡樂、意義和重要性。這就是安全的依附運作模式所能創造的。

若孩子不能享有這類安穩感，孩子的人際交往能力往往會變差，韌性、適應力、自立以及其他人格特質也是一樣。有的時候，孩子會養成迴避型依附模式，學到要忽略自己情緒，並且避免表達個人需求。這麼做顯然會使得人際關係更加困難，也會減少對自己的深刻理解，比較不能覺察個人內在世界，有需要也比較不會請求協助。同理，孩子若是養成矛盾型依附模式，並且覺得不能指望別人，可能會錯失前述所列的好幾個特質。他可能會難以平復自己的情緒，或者，由於害怕別人接下來不會陪伴在身旁，也許就會缺乏與他人分享的能力或意願。具有紊亂型依附模式的孩子會認為，人們很危險而且靠不住，他們因此將無法體驗到有安全依附的孩子獲得的諸多益處。

另一方面，安穩帶來擁有自主能力的感受。就安全方面來說，具有安全依附的孩子相信，他本身能保護自己，而且值得受到保護，在需要的時候他可以找到安全。他完全預期人生本來就該安全不受傷害。同樣的，他可以看見自己並且安撫自己。他曉得，如果陷入難過不安的狀態，自己具備技巧可以檢視個人內在心理狀態，然後安撫並調節自己的內在生命。

隨著孩子成長，就能具備這樣的安穩，發自內在的幸福安適，一種統整與韌性的內在感覺，據此出發，和世界交流互動。他會覺得自己值得而且能夠與其他人心神相連，並且理解存於內在的好幾股不同力量。因為至少有一個人可穩定持續陪伴，未來他在日常生活與做決定時，都能夠以我們所說的安全堡壘為基地，既覺得安全，同時又感到勇氣十足。

若你能讓孩子安穩……

孩子就會培養出讓自己感到安穩有保障的能耐

安全堡壘：避風港和發射臺

孩子得到一處安全堡壘，就能從這個基地出發，往未知深入冒險，勘查個人內在風景，並且探究周遭世界。那就是教養的目標。若孩子並不覺得能有穩固的安全、被看見、得到安慰，那就毫無安穩可言。小孩子若沒有照顧者可陪伴在身旁，提供「安定四要素」，往往在親密關係方面有障礙，壓力情境下難以理性思考，或者在嘗試新事物或得要離開舒適圈時感到焦慮。正因如此，協助孩子發展出安全依附才會如此重要。

假設有一位生性害羞的學齡前幼童，第一次來到某座遊戲場。若是依據安全依附模式，剛開始被放在攀爬區邊緣的長椅旁，他可能會抱緊爸爸的腿。然後他可能會往遊戲器材走個幾步，此時某位大孩子跑過身邊把他嚇了一跳，他急忙衝回爸爸那兒，接下來又再出發探索，這次更加靠近溜滑梯了。一旦想到居然離爸爸這麼遠，他也許會回來找爸爸，也就是原本的安全堡壘。然後再度嘗試，真的抵達他有興趣的梯子那兒。這些逐步探向未知的行動，既是挑戰，同時也強化孩子的能力。他願意面對自己的恐懼，並且增加和爸爸相隔的距離，正是因為他對爸爸有信心，自己回去的時候會陪在身旁。他心裡有預期，不管什麼時候自己有需要，就會有個安全堡壘在那裡，所以這段過程當中，風險愈來愈大也沒有關係。這個安穩的基地所提供的安全，讓他願

意承擔更多風險。

從這些反覆且可靠的心神相連經驗中，小孩善加學習，他的腦部改變其結構，並且以更加整合的方式生長，更能有效調節。原本是和爸爸心神相連的一組外部互動，如今成為孩子大腦裡一組內在的連結。接下來，當挑戰出現，這個已內化的安穩模式，是個人韌性的發起源頭。如今孩子可以採取開放的心態面對困難，而且當事情遇上阻礙、結果不如預期的時候，可以求得後援再度嘗試。那就是安全依附小孩的韌性思維。

關於這個過程，國際安全圈（Circle of Security International，簡稱 COS）提出的解說相當有幫助。該組織的宗旨是要教家長曉得依附的重要性，以及穩定持續的陪伴可以擴大孩子的安全圈，全球各地都有家庭受惠。正如 COS 的教材《安全圈介入法》（*The Circle of Security Intervention*）所說，若父母提供兩大基本「空間」——發射臺和避風港，孩子的安全圈就能擴大。安全圈說的是要提供孩子一個發射臺，讓他可由此起飛，同時還要保有一處安全的避風港，給孩子回來躲避風雨，這樣就能支持孩子向外探索。

父母用避風港養育孩子，用發射臺支持並且鼓勵。

擁有安全堡壘的孩子長大之後，這個過程就可以在不同的生命面向反覆展現力量。第一天去幼稚園可能很恐怖，加入其他孩子一起玩之前，也許需要爸爸留下來陪一會兒。不過，到了第二天，說不定需要爸爸留下來的時間就比較短了。每經過一天，他愈來愈快覺得有信心不需煩惱，藉由小時候一直都有的反覆經驗，孩子曉得爸爸每次都會陪伴在他身旁。成長的過程裡一次又一次向外探索：學會騎腳踏車、加入運動團隊、鋼琴發表會演出一首樂曲、參加過夜營隊，就這麼一直到最後離家上大學……這位性格保守含蓄的小孩培養出自信心、韌性，相信自己可以面對困難以及嚇人的障礙。他的安全圈持續穩固強化，讓他覺得活在世上安全無虞。他曉得總是可以回家，而且他會回家。他擁有安全堡壘的兩大組成要件——一處可靠且能滋養培育的避風港，還有一個支持、鼓勵的發射臺。

安全堡壘養出力量，而非予取予求的心態

提供孩子無條件的情感支持和一處安全堡壘，並不會讓他們軟弱，或被寵壞，或容易受傷害。這麼做也不會導致孩子予取予求的心態，認為什麼都應該是他的。我們三不五時就會接到這類問題，家長可能會說：「真實世界可不好混，我的工作就是要把孩子鍛鍊得堅強些，不想要溺愛他們。」

我們了解，如此憂慮是出於你的恐懼感。如果能迅速、敏銳且穩定持續滿足孩子的情感需求，就算沒有人一直陪在身旁也**不會**害他崩潰。如果偶爾讓受到驚嚇的五歲孩子和大人一起睡，並不表示終其一生他都需要父母陪他過夜。

事實上，研究結果顯示正好相反。孩子若是相信照顧者一次又一次都會陪伴他們，就能培養出獨立和韌性，擁有自信可以跨出舒適圈。比起沒能受到那類注意和關愛的孩子，他們更有勇氣往外探索，更向遠處冒險。

沒錯，可能會有個時刻，不管是什麼理由，你決定不讓孩子睡在你的床上。但是，千萬不要因為害怕滿足孩子的情感需求，而下此決定。關切孩子的情感需求並不是在寵孩子，不是溺愛，那叫做調諧一致或心神相連。而且就是這種做法讓孩子覺得安穩，長大能往外走出去，自己去探索。那並不會造成孩子予取予求而不堪一擊，反而會讓孩子具有韌性。研究結果顯示，若孩子覺得安全無虞，當他發展階段到了、準備好了，

滿足孩子的情感需求……

並不會養出被寵壞或是予取予求的成年人

就會敢於獨立，而當他尚未準備妥當的時候（此刻孩子覺得並不安全），勉強推出去會有反效果，導致更為依賴。

談到情緒穩定一致的重要性，家長常會提出的反對意見是，要贏得孩子尊重。有家長會說，另一半反對在處理行為狀況之前先與孩子取得連結的策略。他們會說：「像那樣讓小孩子騎在頭上，家長根本就不會受到尊重。有些時候就該狠下心來。偶爾你甚至得用吼的。」

我們的確同意，做家長的不該讓孩子「騎在頭上」。親子關係當中，家長維持他的權威，這點確實相當重要——整本書我們一直在強調這件事。但是，依據科學以及經驗，我們的立場是認為：家長可在保持權威的同時，優先重視親子關係，並且維持自我控制。

尊重不是從嚴厲和吼叫而來……

尊重來自堅強和機敏，曉得自己是誰，知道你想如何與周遭的人互動。

若家長大吼大叫，被激發出來的反應牽著走、高高在上頤指氣使，自己都已經失控，又怎麼能贏得孩子的尊重？若你掌控自己情緒，始終能深思熟慮、自我克制、平心靜氣而且公平公正，更可能會得到尊重。那是力量的展現，絕非示弱。就像是少年棒球聯盟的教練，一種是能冷靜面對小球員，另一種總是大發雷霆對著孩子和裁判大吼大叫，後者可能會造成隊上的恐懼，甚至能求得球員的規矩和秩序，但那是付出代價取得的。說好的尊重呢？不太可能哦。在相同條件之下，孩子會尊重（甚至是喜愛）強大而聰明的教練，他有自知之明，也知道自己想要如何與孩子以及其他成年人互動，並且維持密切的人際關係。

此外，當孩子做了你不喜歡的事情，你的必然反應是大叫以強調你堅持的要點，要是你看似已經站不穩陣腳還會更大聲，如此將會對親子關係造成不利影響。或許，短期而言真的可以讓孩子順從，「行為問題」比較少。但就和教練的道理一樣，付出了什麼代價？別從孩子那裡求取「尊重」，那會改變孩子對你的感覺，而且是變糟，也會改變孩子是否會去找你分享。

以上所說並不表示，如果你偶爾和孩子講話的時候拉高音量，會對親子關係造成無可彌補的傷害。父母能表達自己的情緒很好，偶爾就是會講話大聲、變得激動。重點在於，父母的權威，並**不是**和力量或嚴格有關。即使從來不曾提高音量講話，依然可以保有孩子的尊重，並且維持在家中的權威。如果父母真的情緒抓狂了，或自覺處理事情的方式不恰當，切記重要的是得道歉，並且儘快修補親子關係。

我們絕對要提供機會讓孩子面對挑戰、克服阻礙，即使過程十分艱辛。為了讓孩子培養出力量和韌性，我們必須設定界限並勇於說不。但父母們需要有識別力，判斷孩子可承擔多少痛苦掙扎，而且在這過程當中總是（沒錯，**總是**）願意提供支持。如果親子關係受損，總是可以誠心誠意的道歉修補。而且我們可以嘗試從這樣的破裂不和之處學習，終究得以成長，親子關係更加堅固。我們會為孩子示範如何做人、如何建立連結。這麼一來，我們提供的既是避風港又是發射臺，孩子培養力量和獨立精神的時候有所依靠，得以過著有目的、有意義的人生。

正向壓力、可容忍壓力及毒性壓力

該如何幫助孩子在面對挑戰之際覺得安穩，要考慮到該情境之下的壓力屬於哪一類型。事實上，研究人員談到有個現象叫做**正向壓力**（positive stress），我們感到壓力要有所表現，受到驅策卻不會失去控制或無法自拔。它可能會讓我們為了考試更認真讀書，或更有生產力，或在壓力下表現良好。正向壓力可調動甚至振奮我們，促使我們達成若非如此恐怕難以辦到的任務。

挑戰增加時，就成了所謂的**可容忍**壓力（tolerable stress），即我們能夠忍耐承擔的壓力，但不必然能從中獲益。依據實際狀況，或許是有幫助的正面壓力，或許是有害的負面壓力。舉例來說，離開父母提供的安全堡壘，可能讓孩子有壓力。回想前例那位學齡前孩子，在緊張不安當中、成功橫越不熟悉的遊戲區。若孩子的爸爸提供一處能夠返回的避風港，那麼他比較能夠應付壓力，甚至成為一股正向力量，他藉此達成去到攀爬區的目標，克服的不僅是爸爸和溜滑梯之間的距離，還有自己的恐懼感。在我們看來，他歷經少量的壓力（即使當時孩子並不覺得壓力小），到最後順順利利沒有受什麼損傷。他所經歷的壓力其實是在幫他的忙。

不過請注意，因為有人提供充分支持，那位小朋友才能擔負這份壓力。那正是可容忍壓力的基本要素：壓力的作用是有益還是有害，多半依據當事人是否獲得支持以處理壓力，還有必須承受這份壓力多長時間。

如果一個人被要求去面對的壓力超乎他所能應付，或是要獨自應付，或負荷時間太久，就會產生所謂**毒性**壓力（toxic stress）。它有可能會讓成長發展、生命軌跡以及生活品質付出重大代價，甚至身體健康和預期壽命都得賠上。這類壓力，就是之前我們提過的兒童期負面經驗（ＡＣＥｓ）所導致。特別是在小孩子的生活當中，毒性壓力有可能產生創傷而造成持久的傷害。

再強調一次，判定某一事件造成的壓力是正向、可容忍還是毒性，其中一項關鍵因子在於：經歷壓力的人是否擁有足夠支持。若無安全依附，孩子被留下獨自一人

安穩能夠讓壓力比較可以忍受

處理困境，沒有足夠的內在資源，可能原本相對有辦法應付的壓力源會轉移為毒性類型。不過，如果擁有安全依附，壓力源會變得不僅可容忍，甚至還算是正向，說不定能促進韌性，而同樣壓力卻可能會傷害缺乏安全依附的人。回想一下，第一章提到的孩子騎腳踏車上坡的譬喻。給予孩子的安穩感受愈多，他們遇上的困難愈是能成為可容忍或正向壓力，而非毒性壓力。

安全堡壘不能保護孩子免除生命一切殘酷現實，也不保證一生順遂毫無難關挑戰。但「安定四要素」可發揮防護緩衝的功能，協助孩子將逆境轉變成韌性和成長。覺得不安全會導致毒性壓力，而安全感則可讓困難的處境變得可以容忍。覺得被看到也能發揮同樣效果。而且，得到安撫感到心安的話，可將神經系統過度激發的生理負荷，以及即將掌控一切的混亂狀態降到最低，有助於讓人獲得調節，使得壓力維持在可容忍的程度。換句話說，就不會經常動用到「求生四反應」（戰鬥、逃跑、僵住、昏厥），因為「安定四要素」發揮了功效。安全依附關係的韌性就是在這表現出來。

DO IT

爸媽可以這樣做

為孩子創建安全堡壘

策略1 為親子關係建立信任基金

陪伴孩子的時候，就和他們建立了信任關係。當孩子需要，你就會陪在身旁，彼此的信任關係隨之增長。這就像是把錢存入銀行帳戶，不妨看成是一檔「信任」基金。

打從孩子出生，你就可以建立這樣的信任。你的嬰孩需要你幫忙，讓他感覺安全、被看到、得到安慰與安穩。能迅速、敏感且合乎預期的回應孩子，滿足孩子需要，抱抱

從小就要建立孩子的安全堡壘

孩子，就是父母能給的最棒大禮，不僅腦部發展受益，孩子也會相信自己能夠得到良好照顧。

人們原本以為，嬰兒太常被抱著會把他們寵壞。有些專家甚至說，嬰孩會操弄父母。幸好，科學證據表明並不是這麼一回事。嬰孩的需要就是**需要**，不僅只是渴望而已。供給孩子所需：當孩子心情不好的時候安撫他，餓的時候給他東西吃，要求抱一抱的時候就抱一抱，累的時候哄他入睡，這當然不算是寵孩子。注意到小小孩的需求並且予以滿足，會讓你對自己的天生直覺更有信心，相信自己能夠了解孩子傳達給你的意思。的確，有時嬰孩可能算是比較「高需求」（這個說法要比「很難搞」、「要求多」、「寵壞了」，更有用也更精確），如果是那樣的話，也許他只是需要你給予更多協助，才會感到平心靜氣、安全且心安。只要做到與孩子調諧一致、身心同在，需要時在場陪伴，父母就開始搭建一處安全堡壘，隨著孩子長大都能對雙方有所助益。

新手父母一定要知道：父母自己也會有需求啊！三不五時另外找個人到家裡幫忙帶一下孩子，讓你可以補個眠、洗洗澡，或是做些自己的事情，或許會有幫助。而且，一定要騰出一、兩個鐘頭的時間自己出門用餐，別帶著小孩——尤其是在嬰兒出生後的前六週。這樣做功效極大，有助於讓你重拾自我，提醒自己：個人需求也是需要照顧。放眼人類演化史以及世界眾多文化環境當中，教養的責任都是和父母之外的人一起分擔，文獻有時會稱之為替代教養（alloparenting）。這種在社群中共同養育小孩的重要方式，當代文化通常並不支持。因此，你可能需要在生活中找到這類足堪信賴的人顧一下孩子，也許是親戚好友，或者左鄰右舍也行，好在必要時喘口氣，照顧好自己，補充能量和活力。很有可能，喘息後的你其實很高興能夠返家，再次關注嬰孩的需求。

隨著孩子成長，你會有無數機會往信任基金存入款項。就像公園裡的兩歲幼兒，某些時刻他可能會需要你，因為有人搶走他的挖沙鏟或對著他丟球。孩子一把鼻涕一把淚，可以給他足以建立信任的回應。你可能想輕描淡寫、加以忽略：「別哭了，沒事。」有些學派認為這樣的回應可以讓孩子更強壯、更堅韌。（「孩子們總要學著點才行！」）

然而，這麼做有幾點問題。首先是關於時機。沒錯，總有一天孩子們得要曉得這個世界會讓人痛苦不舒服。但他們只能從經驗本身學習，而且當人生前三年大腦的調節迴路正在發展的時候，若要幫助孩子培養調節個人內在狀態的能力，父母與孩子的經驗調諧一致便十分重要。再說，兩歲大的小孩子，真的要憑一己之力，學習面對世界的一切真相？難到不能得到更久一些的支持？而且，想想看，若孩子陷於痛苦不安，父母卻要他們（1）別表現出那些情緒，因為（2）根本就**沒什麼**好難過的，孩子接收到的訊息會是如何？這可真是雙重災難，被告知要

關係的信任基金：
你是存錢進去還是提款出來？

提款
別哭了，
沒事。
存款
妳很安全。
我就在這陪妳。
事情會好起來的。

隱藏自己的情緒，而且別去相信自己的感受。孩子並不覺得「沒事」，但你告訴孩子他們沒事，所以要嘛就是不可相信爸媽，要嘛就是不可相信自己的個人體驗。

當孩子感受到強烈情緒，需要有人讓他覺得安全的時候，如果一而再、再而三聽見上述說法，就會影響他看待你、以及看待個人內在世界的方式。我們父母需要調整說話的方式，提醒自己要看重孩子的經歷，並且以**正向的方式**影響他們的世界觀。當孩子心情不好的時候，有個說法效力十足：「你很安全。我就在這陪你。你並不孤單。事情會好起來的。」下次孩子跑來找你，哭得很傷心，害怕或沮喪的時候，可以試試。感受一下，當孩子的神經系統曉得你已陪伴在身旁，不再覺得受威脅，在你臂彎裡獲得安全且安穩，小小的身軀也就會放鬆下來。

當孩子稍稍長大些，到了學齡階段甚至青少年時期，你對他個人經驗的回應會繼續發揮作用，形塑孩子和你的依附關係，並依此形塑他對人際關係及世界的觀點。這不僅適用於你不在身邊時他的個人經驗，也適用於發生在親子之間的事情，像是孩子不能順利度過遭遇到的失望與挫折，以及你所設立的界限。舉例來說，若孩子因為到姑媽家沒有吃到他最愛的炸魚柳而**心情大壞**，電玩時間結束就發脾氣，或對兄弟大吼說他「煩死了」——如果我們帶著同理心陪伴，同一時間依然信守家庭規範與界限，以上都將是建立信任的機會。當你回應說：「螢幕使用時間結束了，可是這關還沒過完，真的是很可惜。我曉得這很不容易。要是我事情做到一半就被打斷，也會覺得挫折。」這麼做可增加你和孩子的信任基金。再次強調，你不需讓步，只需陪伴。這麼做就能強化親子關係。

如果你沒法陪伴，親子關係的信任程度將會受到打擊。我們認識的一位女士李安娜，提起她十四歲參加學校舞會的往事。有一位朋友年紀夠大開車送她去會場，之後還要載她回家，結果當晚喝了酒。李安娜打電話給爸媽，詢問怎麼辦才好。她曉得要是開車的人喝了酒就不能搭。然而，爸媽自己也在辦宴會，媽媽問她：「那她到底還能不能開車？如果不是喝那麼多的話應該還好。」事過境遷之後，李安娜說：「那時我才真正**曉得**，但我早就心知肚明。我只能靠自己了。我需要的時候，爸媽根本就不會為我趕過來。」

可想而知，李安娜的爸媽沒能陪伴在她身旁，這也不是唯一的一次。如今她已長大成人，在許多領域功成名就，但她的婚姻並不順遂，現在必須歷經痛苦（但必要）的努力過程，贏取她爸媽不曾給過的安全依附。兒時父母沒能讓她感到安全，難以協助她建立一個安全堡壘，現在長大了，她必須靠自己來完成。

我們強調的是，要讓孩子堅定相信，當他們需要的時候，爸媽會在身旁支持，即使不能（或選擇不要）解決孩子目前遭遇的特定議題。父母親要慎選方法，增加親子關係的信任基金。每次這麼做，都會強化孩子的安全堡壘，表示他可從一個穩定的發射臺自力往外探索，而有更多自信與獨立。

策略2 教導孩子心智省察的技巧

我們想要提供幾個範例，教孩子當他們需要更多的安穩，可以站出來陪伴自己。當我們教會孩子心智省察，孩子可更理解自己以及別人的心，就有機會過著充滿意義又深刻的人生，不論是個人的生命還是與他人的關係都能受益。心智省察可以幫自己覺得安全，能理解且看見其真正本質，在強烈情緒發作時，能安撫自己並回到綠色安全區。

舉例來說，孩子運用心智省察技巧，就可主動、確實的緩和生命波折與其影響。我們認識一位媽媽路琪雅，她在小兒子喬伊要上國中時教他心智省察技巧。那時他們剛結束海灘之旅，路琪雅想到一個說法，可以幫喬伊理解這個概念。當母子兩人一起衝浪，路琪雅教喬伊要潛到海浪之下，而不要正面迎向全力襲來的浪頭。喬伊很興奮也很驚訝地發現，海面之下的水看來是那麼平靜，即使有特別強勁的浪落在頭頂上也一樣。

路琪雅解釋說，海浪就像是生命中迎面襲來的種種事件，有些合你的意，有些不然。如果遇上困難的事情，可以借用這個譬喻來面對。海浪出現，正對著衝過來的時候，他可以留意監看，認出它們。他可以說：「現在來了一道嚇人的巨浪，我好擔心。」或者「這浪還真糟，就像我心裡的感覺。」接下來他可以想像自己潛到海浪下方，讓它從頭頂上過去，然後才再度浮出海面。路琪雅教導兒子這類視覺化做法，還有一些幫助自己平靜的簡單方法：靜下心專注於自己的呼吸；平躺在床上，一手按著胃部、一手放在心臟上頭；坐在戶外專心看雲朵飄過天際等待內心平靜；而且母子倆一起練習這些技巧。

她努力讓喬伊了解，不論什麼時候，只要感到焦慮、緊張、恐懼，或任何其他負面情緒，他要做的就是運用這些不同的心智省察技巧往內心探尋，找到平靜。他並沒有否認他的感受，而是要避免它們掌控全局。只要有需要，他都會用這些策略，讓他找到內心的平靜與安穩。路琪雅是這麼跟喬伊說的：「在水面之下，那才是真正的你。海浪總是會打來——有的時候很有趣，有的時候沒那麼好玩。就跟我們在海灘時一樣。浪會持續不斷朝向岸邊捲來，可是你有個選擇：你並不需要讓內在平靜的自我被恐懼或悲傷的潮浪打得東倒西歪。核心自我，是你內在深處一處安詳之地，你可以隨時造訪，不論悲喜。」

你可以教導孩子們類似的心智省察技巧，讓他們自主的去運用心智力量求得安穩，即使你不在身旁。就像喬伊一樣，孩子們可以留心危險，或過分激動、焦慮、沮喪的潮浪當頭襲擊，別正面迎戰而遭受痛擊，反而應該要潛下去找到自身內在平靜。

然而，就像路琪雅所說，海浪會一波接一波打來，不管我們是否知道如何才能潛入浪底。即使我們每件事都做對了，有的浪還是會打在我們身上，而且是用力的打。隨著孩子長大，有幾個地方需要更加深入思考。舉例來說，重要的是得教會孩子如何認出浪的根本性質：屬於一時的情緒波動，而非我們的核心認同。這些經驗是我們生命的**一部分**，並不是我們的本質或個人本性的全部。孩子被霸凌了心裡覺得害怕，不表示他在生命中都會是受害者。某項測驗的表現不盡理想，不表示孩子是個壞學生。那些都只是他們生活當中的情感事件，和一個人的核心認同、內在的祥和之境無關。

當你教導孩子心智省察技巧，讓他們能自主的將生活事件和內在體驗區分開來，也就是教孩子認識情緒的關鍵真相：感受是重要的，絕對應該承認其本來面

別被迎面而來的每一道情緒波動擊倒……

孩子可以學會潛入浪底尋得一片寧靜祥和

目，但我們也應承認情緒在我們的生活、所過的日子裡流淌而過，一生當中、甚至一天之內總是變動不居。當然，我們需要教孩子留意自己的感受。情感會揭示生命並給予意義。我們從來不願否認自我的情緒；覺察個人內在狀況十分重要。但我們也想要教導孩子，不需對情緒**過度**反應。學習以爸媽的立場與孩子同在，就表示要在我們自己的內心創造一個空間，允許我們接納包容孩子的情緒，而不會被這些情感表達完全掌控。運用我們自己的心智省察技巧，就可為孩子示範，怎麼做才能明白情緒是真實存在且十分重要，卻不會被情緒淹沒。一旦孩子見到父母對他們的感受抱持開放心態，他們也可以學會接納自己的內在狀態而不被襲捲而去。孩子從我們身上學到，情緒會不斷變動，就像海裡的浪潮一樣。而且就像是面對著海洋，我們要留心注意目前狀況，才不會被升起的海水淹沒，或被海浪擊倒。

情緒不好受的時候，教導孩子即使是痛苦也要去認識理解，並且可以從中學習。知道痛苦不會永遠持續下去，孩子會發現這個道理效用無窮。我們想要孩子了解如何享受美好、承擔痛苦，在此同時，也曉得情緒很快就會過去，轉變成別的東西。

最近丹尼爾上電臺接受訪問，也是一名父親的主持人提到，有一天他太忙了，對小女兒失去耐心，結果大女兒跑來跟他說：「你要試著跟妹妹談她的感受，而不是跟她說應該有什麼感受。」

孩子也有很多可以教我們的事情。若能抱持開放的心態，提醒家庭成員要看見彼此真心，就能提供一處關愛的環境，每個人都可以更投入自己的內在生命，以及家庭成員的生命。心智省察讓我們能夠記得（並且得到提醒）：尊重家中每位成員的主觀經驗，就能培育出統整的情感，也就是安全依附的核心。

我們用來增進安穩的各種教導和方法，都是源自簡單的心智省察技巧，這些技巧可以教給孩子。幫孩子弄明白海浪和潮水的譬喻，學會注意孩子的呼吸，並且把生活裡發生的事情和個人認同分開看待，藉由以上種種做法，你就給孩子好幾個工具，讓他們的大腦建立連結，可以**自行**帶來安穩感。當然孩子還是要依靠你，但他們心裡明白，需要找尋內在資源求取安穩的時候，總是可以找得到。

給爸媽的融貫敘事練習

陪伴也是為了自己

在自己的生活中，你覺得有多安穩？你的人際關係當中，是不是有人經常能提供協助，讓你覺得安全、被看到並且心安，進而擁有深刻堅實的安穩感受？而且，不論有沒有這樣的一個人，所謂「安定四要素」，幫助孩子學會去做的那幾個要項，你能為自己做到多少？

我們已經發現，很多有愛心的成年人真的很會幫助身邊的人，讓他們覺得安全、被看到、得到安慰與安穩，卻不善於對自己好，不太會照顧自己。他們通常不會自問：「現在我需要什麼？」反而選擇去照顧別人，甚至是犧牲自己。不妨現在就放慢腳步，花點時間靜下心反問自己以下幾個問題，請你估量自己小時候跟安穩相關的整體經驗，並且想想成年後，遇到要提供自己所需的關懷與同情時，你有沒有好好為自己做到，然後再提供給孩子。

1. 你在童年的時候，覺得自己有多安穩？
2. 「安定四要素」的前三項當中，你覺得爸媽最擅長給你哪一項？
3. 你的爸媽有什麼地方可以做得更好？你是否期盼之前被保護得更安全？更被看見，或更能心安？

4. 父母是否協助你培養出能在自己內心尋得安穩的本領，而不是只能依靠別人？或者，你是否被撇下自行設法？

5. 在現今這個生命階段，你可以怎麼做來更加照顧自己身心各方面的需求？如何讓自己沐浴在「安定四要素」的作用下，使得自己更安穩？

6. 你的孩子呢？他們是否總是能在需要的時候覺得安全、被看到且得到安慰，從而養成安穩的感受？回應孩子的需求，要迅速、敏感且合乎期待，這方面你覺得自己做得好不好？

7. 你是否找到方法協助孩子培育技巧，來發展自己的內在安穩，即使你並不在他們身旁？你是不是一個可靠的安全堡壘？是否能扮演穩固且提供支持的發射臺？

8. 此時此刻你可以做什麼，協助孩子讓他們覺得比之前更加安穩？也許是得讓孩子覺得更安全。或者你認為，之前為了孩子的分數、表現，或你的個人期待，過分逼迫了孩子，讓他們不覺得自己的本性被看見、被接納。或者孩子正經歷一些事情，你只需待在他們身邊處於當下，就能對安撫心情有幫助。邁向安穩走出小小幾步，可以造就天壤之別。

CONCLUSION

結語

從遊戲場到大學宿舍：

展望未來

教養之路看似永無止盡，但我們可以跟你保證，不知不覺就會走完。會有那麼一天，你可愛的小孩長大成為青少年，接著成為大學新鮮人。讓我們試著想像，在不遠的將來，那一天我的孩子會是什麼模樣？長得高嗎？會不會戴著眼鏡？頭髮成了什麼顏色？接下來，想像送別孩子時跟他擁抱說再見，眼裡滿是淚水地離去。

在孩子的成長過程中，如果你已經實實在在提供協助，讓孩子覺得安全、被看到、得到安慰，等他十八歲的時候，已經培養出安穩感，能在自己內心尋得同樣的支持。他還是很需要你，而且人生路上還有許多需要學習，不過此時他已經知道需要的時候要去哪裡取得「安定四要素」——可以往外向別人求助，也可以依靠自己的內在資源。

就「安全」方面來說，這就表示駕車、飲酒、性生活，以及父母們關切的其他重大事情，年輕人必須做出良好判斷。但這也表示人際關係及自我照顧方面，孩子必須確保自己安全無虞。但願孩子已經發展出內在的羅盤，能劃定個人疆界，並且做出明智抉擇，不受他人影響與左右。

至於「被看到」方面，孩子已培養出個人省察的能力。你已經花了好多好多年的光陰陪伴在他們身邊，注意到孩子內在世界的動態，並表現出你的關心與尊重。因此，孩子們自己就學會要關注個人的內心。他們會意識到在特定情境下有什麼感覺，而且，舉例來說，可以看出即將進入失序紅色警戒區的時刻。回應如此狀況，孩子能夠從上層腦調節他們的情緒來做出反應，而不是讓下層腦主導掌控。同理，孩子會注意到，有的時候他們很想扮演受害者，在感到不快的情境下，反而沒有自主選擇離開或加以改變。我們其實只需觀照內在世界，注意內在生命，就像你多年來所教過的那樣，孩子就會覺得被看見、被理解，而且在結交朋友及挑選對象的時候，可能找的人彼此都能擁有、理解這個特質。

他們也會曉得，離家很遠、又必須面對困境的時候要如何讓自己心安。小的時候，只要他們受傷了，就看見你用「平和五元素」的五種力量（身心同在、投入參與、情意充沛、平心靜氣以及同理共感），處理他們身體上或無形的傷。孩子已經體驗過那種互動安撫，也曉得這對於人際關係有多麼重要；更進一步獨立自主之後，孩子免不了會想家、遇到傷心事、面對恐懼和不確定，或是遭受任何其他挑戰，這時他們會曉得如何給自己必要的內在安撫。

簡單來說，孩子會從你花了多年時間打造的安全堡壘出發，邁向新世界。就像是在遊戲場裡帶著膽怯的心逐步從你身邊移開，因為曉得爸媽有在注意、關心而漸漸擴大安全圈，現在到了這個生命中的重大時刻也是同樣情形。而且就和小時候一樣，孩子會有充分信心，當他們需要的時候你會陪伴，提供一個能返回的避風港。孩子依然會犯很多錯，該經歷的痛苦也不會少，但仍是從一處安穩的位置去承受。關於個人的安穩感，你已經協助孩子建構出內在運作模式，一輩子都受用。孩子會去上第一堂課，遇見新朋友，探索新的校園，心裡充實篤定，曉得如果要找你求援，並且需要你在身邊的時候，你會現身陪伴——一直以來你都是為了他們這麼做。而且孩子會知道，他們這一生還可以找到其他人成為健康、安全依附的對象——當朋友，做人生導師，或是相戀交往的伴侶。那就是健康的相伴相依。

養育一位安全依附的十八歲孩子，這幅願景就起源於當下，於此時此刻，不管孩子現在是多麼幼小。父母若是把注意力放在孩子的內在體驗，並且能感知、理解，然後以尊重的態度回應那樣的精神生活，就是給予孩子安全依附，一份無法估量的大禮。如果我們以這種方式與孩子調諧一致，仔細注意孩子和他們的內在風景，孩子就會覺得被看見，可以心安，然後感受到情感層面安全無虞，既能養成信賴感，又能擁有安穩的心智模式。

科學已證實，這份安穩感並不需要爸媽完美無瑕。在和孩子的每一次互動當中，我們不可能毫無缺陷，只需要一再出面陪伴；若有裂痕就確實做好修補，並且供給「安定四要素」，這麼一來，你就是在創造那樣的未來，即使孩子置身生命的嚴苛現實，也得以茁壯成長綻放光彩，不僅作為一名年輕成年人如此，還能貫徹整個生命歷程。

你可以為孩子創造這樣的未來，無論你自己的過往如何都沒有關係。過往歷史並非未來命運。研究穩穩當當指出，無論我們遇到什麼狀況，如果花時間了解過往如何塑造我們的發展，接下來就能解放自己，成為我們想要當的那種人、那種家長。這門依附關係的科學一再證實，不管我們自己所接受的教養方式如何，都可以把安全依附交給孩子。

而且，我們努力反省過去，理解過往的經驗，就能在自己生命裡掙取安全依附。當我們有辦法講述一段融貫敘事，闡明過往經歷，並且說清楚現在如何受過去影響，接下來就可以採取清楚且有力的步驟，盡力成為我們想要當的那種父母。

具備這些知識，曉得要怎麼做才能影響孩子大腦和身體形成強大連結，正是教養孩子的美好時刻。但願書中提出的想法已經說服各位，陪伴是你能給予孩子最棒的一份大禮，因為你可以幫助他們發展出許多內在資源和人際技巧，養成長效的韌性，並且讓孩子擁有自主能力可以過著充實、心神相連且有意義的人生。從各個角度來看，學會陪伴孩子教會他們很多技巧，能夠為了生命本身全然展現自我。父母給孩子的禮物，還有什麼比這更棒呢？

提醒單

孩子如果可以和照顧者形成安全依附，就能活得更快樂、更能自我實現。父母提供以下「安定四要素」回應孩子需求，形成穩固的親子連結。

安全

說到要**確保**孩子**感覺**安全無虞，父母有兩項主要任務：保護孩子不受傷害，還要避免成為恐懼和威脅的源頭。

【促進安全感的3個策略】

・**先求沒有傷害**：承諾你不會成為家裡引發恐懼的源頭。

- **修補，修補，再修補！**如果親子關係出現破損，儘速重新建立連結，有必要的話就道歉。
- **讓孩子覺得受到保護**：在家裡打造一個安全且幸福的整體環境。

被看到

真正看見孩子就是要做到三件事：（1）在更深刻、更有意義的層面與孩子的內在心理狀態調諧一致；（2）設法了解孩子的內在生命；（3）以適時且有效的方式回應我們所見。這三個步驟可以幫孩子「覺得被看到」。

【讓孩子覺得被看到的2個策略】

- **讓好奇心帶著你更深入探索**：只需好好觀察孩子。花時間去看，真正了解他們的內心世界，摒除先入為主的概念，並避免倉促的判斷。
- **製造空間和時間，讓你更能觀察與了解孩子**：製造機會讓孩子展現自我本性。創造對話空間帶你更深入孩子的世界，使你能夠了解更多孩子的事情，並且見到其他時候可能會錯失的細節。

得到安慰

當孩子內在處於不安與難過的狀態，若照顧者能夠與他調諧一致並給予關懷，如此互動可以扭轉該負面經驗。也許他依然受苦，但至少不是獨自一人承受。以這種父母主導的「互動安撫」作為基礎，他會學到給自己「內在安撫」。

【促進內在自我安撫的2個策略】

- **鎮靜心情的內在工具**：情緒狀況出現**之前**，和孩子一起努力找出一些簡易的工具和對策，讓他能讓自己平復。
- **提供「平和五元素」（P-E-A-C-E）**：如果孩子心情不好，把這五個要件帶給他們，分別是：身心同在、投入參與、情意充沛、平心靜氣以及同理共感。

安穩

「安定四要素」的第四項，算是前三項的加總結果。如果我們讓孩子曉得自己安全無虞，有人密切看顧關心他們，而且心情難過的時候父母會安撫他們，就是給他們一個安全堡壘。孩子會學到要確保**自己**安全，要把**自己**看得有價值，事情不順的時候要安撫**自己**。

【創建安全堡壘的2個策略】

・**為親子關係建立信任基金**：每次孩子有需要的時候你都能陪伴，對彼此關係的信任會增加。你就是在親子關係的信任基金裡存錢。

・**教導孩子心智省察的技巧**：教育孩子，當他們需要感到更有安穩感時，可以站出來陪伴自己。讓孩子擁有心智省察能力，可幫助他們更了解自己也更了解別人的心。不論是做為獨立個體，還是和別人的關係，具備心智省察技巧的孩子，人生能處處安穩自在，充滿意義又深刻。

致謝

一起寫作是種樂趣。蒂娜和丹尼爾希望藉此表達對於彼此，以及我們的隊友史考特．布賴森和卡洛琳．韋爾奇的感謝。我們四個人通力將個人的專業熱情，與育兒生活中激盪出的想法結合，我們的五個孩子現在已邁入前青春期、甚至即將成年。

我們也要感謝瑪妮．科克倫帶領的 Ballantine/Penguin Random House 團隊，其中傑出的文稿編輯和行銷人員，幫助我們以盡可能清晰簡潔的方式讓本書問世。感謝無數的工作會議把這部作品推向世界！

我們與道格．艾布拉姆斯和他的經紀公司 Idea Architects 團隊始終合作愉快，從一開始，他們就為這本整合取向的教養書找到了合適的文學家園。謝謝道格，出版過程盡是樂趣和歡笑。我們無比喜悅！

我們也要對 Mindsight Institute、The Center for Connection 和 The Play Strong Institute 團隊所做的一切，表示讚賞。他們與我們一同在情感、思想和人際關係上發揮影響力。非常感謝團隊，幫助我們向世界分享關於連結和治癒的科學。

我們兩人都與各個領域的家長、兒童、教育工作者和心理健康專業人士密切合作，試著把人際神經生物學的知識，在家庭、教室和臨床諮詢中實際應用。我們教學無數之餘，也很樂於在這些教育對話中做個學習者，沉浸在治療師、個案、老師、父母和孩子的問題和智慧中，幫助我們不斷保持開放的思維，發想出整合科學的新方法作為實踐之道，來幫助人們成長，為他們的個人生活和人際關係帶來福祉。我們深深感謝我們的父母和親戚，他們始終照顧與鼓勵著我們。

最後，我們要感謝我們各自的孩子：班、路克和ＪＰ；以及亞歷克斯和瑪蒂，孩子正是最早教會我們，在共同生活之中如何發揮陪伴的力量。愛你們，也感恩我們的關係所賜予的禮物！

從陪伴開始的全腦教養：
腦科學教你培養心智強韌的孩子，用安全依附克服人生的各種挑戰，邁向幸福成功之路
The Power of Showing Up: How Parental Presence Shapes Who Our Kids Become and How Their Brains Get Wired

作　　者　丹尼爾．席格（Daniel J. Siegel, M.D.）、蒂娜．佩恩．布萊森（Tina Payne Bryson, Ph.D.）
譯　　者　崔宏立
封面設計　倪旻峰
編輯協力　吳佩芬
內頁構成　高巧怡
行銷企劃　蕭仰浩、江紫涓
行銷統籌　駱漢琦
業務發行　邱紹溢
營運顧問　郭其彬
責任編輯　張貝雯
副總編輯　劉文琪
出　　版　地平線文化／漫遊者文化事業股份有限公司
地　　址　台北市103大同區重慶北路二段88號2樓之6
電　　話　(02) 2715-2022
傳　　真　(02) 2715-2021
服務信箱　service@azothbooks.com
網路書店　www.azothbooks.com
臉　　書　www.facebook.com/azothbooks.read

發　　行　大雁文化事業股份有限公司
地　　址　新北市231新店區北新路三段207-3號5樓
電　　話　02-8913-1005
訂單傳真　02-8913-1056
初版一刷　2023年12月
定　　價　台幣420元

ISBN　978-626-97679-5-3

有著作權．侵害必究
本書如有缺頁、破損、裝訂錯誤，請寄回本公司更換。

THE POWER OF SHOWING UP: How Parental Presence Shapes Who Our Kids Become and How Their Brains Get Wired by Daniel J. Siegel, M.D., and Tina Payne Bryson, Ph.D.
Copyright: © 2020 by Mind Your Brain, Inc., and Tina Payne Bryson, Inc.
All rights reserved including the right of reproduction in whole or in part in any form.
This edition published by arrangement with Ballantine Books, an imprint of Random House, a division of Penguin Random House LLC
This edition arranged with Random House, a division of Penguin Random House LLC
through BIG APPLE AGENCY, INC., LABUAN, MALAYSIA.
Traditional Chinese edition copyright: ©2023 Azoth Books Co., Ltd.
All rights reserved.

國家圖書館出版品預行編目 (CIP) 資料

從陪伴開始的全腦教養：腦科學教你培養心智強韌的孩子, 用安全依附克服人生的各種挑戰, 邁向幸福成功之路/ 丹尼爾. 席格(Daniel J. Siegel), 蒂娜. 佩恩. 布萊森(Tina Payne Bryson) 著；崔宏立譯. -- 初版. -- 臺北市：地平線文化, 漫遊者文化事業股份有限公司, 2023.12
　面；　公分
譯自：The power of showing up : how parental presence shapes who our kids become and how their brains get wired.
ISBN 978-626-97679-5-3(平裝)
1.CST: 親職教育 2.CST: 家庭關係 3.CST: 子女教育 4.CST: 親子溝通
528.2　　112020012

azoth books 漫遊者
漫遊，一種新的路上觀察學
www.azothbooks.com
漫遊者文化

遍路文化 on the road
大人的素養課，通往自由學習之路
www.ontheroad.today
遍路文化．線上課程